湛庐CHEERS

与最聪明的人共同进化

HERE COMES EVERYBODY

CHEERS
湛庐

让年轻人自主成长

若手育成の教科書

[日]曾山哲人 著
张佳傲 译

浙江科学技术出版社 · 杭州

测一测

你了解如何培养自主行动的人才吗？

扫码加入书架
领取阅读激励

- **厌倦工作是年轻人正在传递哪种信号？（单选题）**

  A. 渴望休假

  B. 渴望晋升

  C. 渴望决策

  D. 渴望加薪

- **对于年轻人，积累决策经验最重要的因素是什么？（单选题）**

  A. 数量

  B. 质量

  C. 速度

  D. 思路

扫码获取全部
测试题及答案，
一起解锁人才培养密码

- **如何做才能创造让年轻人坦率交流的环境？（单选题）**

  A. 把九成时间用于倾听

  B. 定期谈话，创造安全的环境

  C. 先肯定对方观点，再指出不足

  D. 以上全部

扫描左侧二维码查看本书更多测试题

重新点燃年轻人的成长动力

姚　琼
OKR 教练，人力资源绩效管理专家

我曾在我的视频号上分享过一个观点：企业应将“老员工带新人”制度化，并给予导师奖励、晋升优先、业绩共享等明确激励。因为这是我 20 多年外企人力资源管理的一个实践经验。

没想到，那条视频的评论区“炸了锅”。有人质疑：“谁规定老员工必须带人？”有人反问：“带新人是为了被替代吗？”还有人讽刺：“画的大饼，兑现能找你要吗？”这些评论虽然带情绪，但其实非常真实，折射出企业制度设计中一个普遍被忽略的问题：员工不是不愿意带新人，而是不信制度会保护他。

如何让年轻人相信“努力就有回报”

在当今东亚社会中，越来越多的企业管理者正面临一个不容忽视的挑战：年轻员工的驱动力正在迅速消退。他们不再轻易相信“努力就有回报”的叙事，也对既有的晋升体系与价值观渐渐失去信任。

在高度组织化、竞争激烈的社会中，“内卷”不再是一种形容词，而是一种代际实感。而企业是否能在此背景下重新唤醒青年人才的能动性，关键就在于：制度与文化，是否仍能激发希望。

在这样的时代脉络下，日本最大的网络广告代理公司CyberAgent的管理实践为我们提供了极具参考价值的样本。

这本书由 CyberAgent 的首席人才官曾山哲人先生撰写，他在常年累月的工作中，与大量年轻员工反复试错后，将经验汇总成了这本著作。我在人力资源管理领域工作多年，也长期关注公司晋升机制和人才培养，我非常乐意向当下的企业管理者和年轻人们推荐这本《让年轻人自主成长》。

建立以自驱为核心的人才培养模式

CyberAgent 在日本的特别之处在于，自成立之初，它就不像一般日本企业那般保守、阶层分明，而是率先打破常规，建立了“年轻主张、完全自主、容错系统”的组织文化。

CyberAgent 对年轻人的组织设计的最大特色可以概括为如下几点：

1. CA8 年轻带领制度：每年公开选出 8 名青年成员担任“干部候补”，进行第一手管理实战与培养，让年轻人快速拥有真正的组织责任。

2. 内部创业制度：让员工无须离职就可向公司提案创业，成功即形成子公司。比如，Cygames、ABEMA 均是从内部创业而起。
3. 完善的容错系统：日本企业向来专注“防错”，CyberAgent 通过“失败传奇”“失败旅程表彰”“独立表彰”等制度，让年轻人在失败中成长，而不是遭到阻止。
4. 内部共通话语与书写文化：有正式报告书 *CyberAgent Way* 全面记录社内组织与人事制度，完全公开于社会，体现“组织作为内容”的绝对精神。

自主成长是一种以“自驱”为核心的人才培养模式，它鼓励年轻人自主思考、自主决策、自主行动，根据自己的判断积极推进工作，而不是被动地接受指令。

曾山哲人在这本书中提出的让年轻人实现自主成长的核心方法是“自驱循环”。这个循环包含 4 个关键步骤：1. 信任委托（提拔）→ 2. 实战历练（决策）→ 3. 容错试错（失败）→ 4. 复盘迭代（学习），通过制度设计与文化包容，让年轻人在主动担责中形成自我驱动的成长闭环。

这个自驱循环模型在书中有大量实践的佐证，读来让人非常信服。我多年来一直倡导的“OKR 敏捷目标管理方法论”竟也和这个模型不谋而合。OKR 最重要的是挖掘员工的内驱力，让组织信任员工，进行自我目标管理，自我迭代追踪，自我复盘，完成目标实现与自我成长，所以我感觉与曾山先生有“神魂相交”之感。

用制度保障代替口头激励

当下东亚职场上的一个死结：企业不信任员工，员工也不信任企业。而反观 CyberAgent，他们设计的年轻人培养机制不仅考虑到了动机与奖励，还构建了文化与心理安全网：

- **传帮带制度有明确的奖惩机制，实行公开竞争，可撤回、可退出。**
- **有导师制度与错误记录独立处理，避免“背锅文化”。**
- **鼓励年轻人“试水”，如以“干部候补”身份承担部分管理职责，而不是直接赋予其全职权力。**

这种设计的底层逻辑是：**管理从不是让人服从，而是创造一个让人敢于尝试的环境。**

在很多传统企业里，所谓“带新人”，本质上是让老员工多干活、多“背锅”、少升职，还容易被新人取代。制度没有保护老员工的知识经验，也没有给予他可兑现的回报。于是，带人成了情绪劳动、博弈游戏，甚至变成组织内部消耗的源头。

正因如此，我特别希望企业的管理者们读一读这本书，看看这家在“失落的 30 年”中逆势成长的日本企业，是如何不靠资源、政策或运气，而是靠一整套以年轻人成长为核心目标的组织设计理念，成功激活了几千名年轻员工的主动性与创造力，培养出一批又一批内部创业者、业务负责人、产品管理者。

年轻人不是被“激励”出来的，而是被“制度保障”出来的。我们说要给年轻人成长的机会，不是靠“口号式激励”，而是要设计一整套系统性的机制。

这不是一本管理理论书，也不是一篇宣传材料，而是一份系统展现 CyberAgent 在实际运行中是如何解决“年轻人不能用”这个问题的真实案例。尤其是在今天这样的背景下，它更像一面镜子，帮我们照见自己的组织文化，还可以作为一个模型，启发管理者去思考：我们有没有真正为年轻人的成长提供机制保障？

对于渴望成长、希望在职场中获得自信的年轻人来说，我也强烈建议你阅读这本书。它不仅会让你了解管理者是如何思考和培养人才的，更会告诉你，你完全有能力自主启动并加速自己的“自驱循环”，成为一个能自主思考、自主决策、自主行动的人才，掌握加速职场成长的“密码”。

唯有成长，方能长远

宋春涛
李宁（中国）体育用品有限公司
集团副总裁及首席人力资源官

曾山哲人先生所著的《让年轻人自主成长》是一本深深激发了我的共鸣的好书。共鸣来自两个层面：第一个是我个人的成长轨迹；第二个是作为曾山先生的人力资源同行。

一次改变人生的提拔

先说我的个人成长。《让年轻人自主成长》让我立刻回想起自己大学一年级被提拔为班长的经历，那一次的提拔可以说改变了我的人生。得益于我作为新生，参加全系主题演讲比赛并力拔头筹，让系党总支书记对我有了深刻印象。于是在班干部竞选环节，书记力排众议，跳过得票最多、呼声最高的前三名同学，选了我当班长。“官宣”之后，和所有同学一样，我百思不得其解，而且内心惴惴不安，担心无法胜任这个班级“最高行政长官”的角色。

“我相信你一定可以的。”书记的眼神坚定而有力，我坐在他的对面，感受到他的鼓励。“作为班长，全心全意为班级做好服务，不懂就问，有问题你随时来找我！”

在其位谋其职。既然被书记寄予期待，那就“撸起袖子干”吧。斗志一旦被激发，我就启动了“年轻人自主成长的自驱循环”，不断积累决策经验，汲取失败教训，并持续从中学习提升。值得骄傲的是，4 年的大学时光，我连任了两届班长（第二次就不需要书记再力排众议了），大学三年级我还竞选成功，担任学院、系学生会主席。

大学毕业后一路走来，回望近 30 年职业发展，无论身处职涯的哪个阶段，我都在践行着自主成长的自驱循环。如同曾山先生所言，自主成长不仅适用于年轻人，它还是一个不受年龄和经验的限制、能让任何人都加速成长的方法。本质上，它为每一个读者打开了一扇通向终身成长的大门。

提拔背后的组织思维

再说第二个共鸣的维度，那就是作为曾山先生人力资源领域的同行。作为企业的人力资源一号位，像“园丁”一样，为企业培养人才是我的使命之所在。《让年轻人自主成长》让我为之击节，激发我的高度共鸣背后有三个原因。

原因之一是，曾山先生不仅是一位专业的人力资源工作者，更是一位有着多年销售管理经验，又在人力资源领域浸淫多年的企业经营者。借用作者在书中的观点：“我从亲身经历中强烈地体会到，提拔不仅能赋予组织生机和活力，进一步提高人才培养的可能性，还能以巨大效益的形式给企业的经营带来冲击。”我们经常说，出发点决定了归宿。把自己定位为企业的经营者，思考人才体系建设的目的是提升企业的经营效益，这一点是国内不少人力资源同行需要学习的。

原因之二是，这本书不仅是在员工个体层面谈年轻人的自主成长，更是站在企业整体的高度上，探讨组织如何创造有利于年轻人自主成长的自驱环境。用曾山先生的话来说，就是如何形成年轻人自主成长的理念、机制以及文化。具体到书中，让人耳目一新的观点比比皆是，比如：管理者的目标不应是提拔某个人，而应是提拔团队的所有成员；提拔是指向未来的，体现了管理者对年轻人潜能的期待。如果管理者仅局限于现有人才和现有能力的总和，组织的潜能就永远无法被放大。在组织内公开分享失败的经验，以便消除心理障碍。

原因之三是，这本书所提供的方法工具来源于理论，但同时又有机地与工作场景、业务实践融合在了一起。作为一名人力资源工作者，我读过不少专业类书籍，涉及教练技术、赋能型领导力、成人学习理论、培训发展等。但是坦白地说，大部分专业书籍都容易脱离企业的管理实践，而且容易把手段本身当作目的。如果用武术门派来做类比，曾山先生的书像是李小龙自创的“截拳道”，没有太多花哨的招式和架子，但每一拳、每一腿都简单直接、劲道十足，直指对手命门。

最后，我想分享本书最为打动我的观点：“我对年轻人的期望既不是成功也不是失败，而是成长，而且是迅速、大幅度的成长。如果把成长放在第一位，决策失败就会成为成长的种子。”这本书能够帮助你建立自信、自主成长。相信我！

目　录

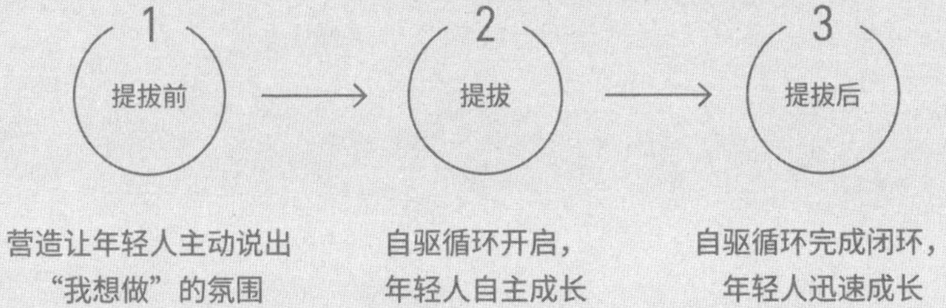

引　言

所有年轻人都有成长的欲望

所有企业都会面临培养年轻员工的难题，因为企业中可以担任管理者和领导者角色的人才总是短缺。提拔新人为管理者的例子很常见，即便如此，培养年轻员工对企业来说仍然是一个挑战。更何况，现在的年轻人变得比以前更加被动了。

有管理者认为，公司根本就没有优秀的人才，在这种情况下，还谈何培养？一方面，我曾从来自各行各业的企业人事负责人和管理者那里听到这样的声音：

“公司的年轻员工进位意识低下，我们很难在其中找到适合的管理岗位候选人。”

“好不容易培养出的人才，刚能独当一面就立马跳槽了。”

> “我不知道该如何与20多岁的年轻员工相处。与他们接触时，我看不到他们身上的干劲。”

另一方面，也有很多来自不同企业的年轻员工向我倾诉他们的烦恼：

> “我想进一步成长，但现在的公司没有给我锻炼的机会。”
>
> “刚进公司的时候，我参加了很多培训，学到了很多东西。但自从工作第二年开始远程办公以来，我觉得自己仿佛成了被搁置的无人问津的商品，完全看不到职业发展前景。”

无论是企业还是年轻人，都渴望成长并取得理想的成果。这原本是件好事，但就像扣子扣错了一样，企业在培养年轻人的问题上没有采用行之有效的方法。

因此，我打算将解决年轻人培养难题的具体方法整理成书。

渴望成长，是因为想获得自信

我在日本著名的网络广告代理商 CyberAgent 公司的人事部门做了 16 年部长，在这期间，包括每年的实习生选拔在内，我一共接触了 6 500 余名年轻人。我见过各种各样的年轻员工，他们的共同点是都有着强烈的成长欲望。问题是，虽然他们一开始都工作热情高涨，但这种热情无法一直持续。

基于这一前提，我们再来思考如何才能培养好年轻人。

在“我渴望成长”这句话背后，年轻人真正追求的是什么呢？是升职加薪吗？我想这也是答案之一，但这终究是次要的。事实上，年轻人渴望成长的原因是想要获得自信。也就是说，要培养年轻人，最重要的是让他们拥有自信。

有些管理者会说：“年轻人缺乏经验，所以不能委派给他们重要的工作。”这是很大的误解。事实是，如果年轻人对自己有信心，就算是面对没做过的工作，他们也会自告奋勇，积极投入工作。

“现在的年轻人太被动了”也是我经常听到的一句话。然而，越是责任感强、做事认真的年轻人，越容易束手束脚、顾虑重重。“万一失败了，给领导和团队添麻烦，怎么办？”由此可见，面对问题，年轻人不能马上给出“我能做”这样的肯定回答，正是因为缺乏自信。

让我举个浅显易懂的例子。假如领导问：“谁能帮我在短时间内通关这个新游戏？”喜欢玩游戏的年轻人即使没有玩过这个游戏，也会立即自告奋勇道：“我来试试！”如果领导询问的是有关手机设置的问题，年轻人应该也会毫不犹豫地拿起对方的手机进行操作。因为在这类事上，年轻人有能比领导做得更好的自信。

因此，**现在的年轻人需要的不是干劲，也不是经验，而是拥有自信**。年轻人想获得的自信包括以下方面：

- **能够与组织、团队、成员建立良好协作关系的自信。**

- **即使公司倒闭了，自己也能想办法赚到钱的自信。**
- **在自己的工作中对他人有所贡献的自信。**
- **能在陪伴好家人的前提下做好工作的自信。**

人需要何种自信当然因人而异，但我可以肯定的是，在价值观多样化的今天，自信是一项被高度需求的特质。

获得自信有助于缓解年轻人对自身成长的焦虑。现在的年轻人都在为自己“应该掌握什么技能”而焦虑，那么让他们学习新技能就能解决问题吗？我并不否认年轻人掌握技能的重要性，但从长远来看，有些技能最终可能会过时。想让自身的市场价值持续走高，最重要的是成为能够应对变化的人才。当今时代充满了不确定性，年轻人要有自信，才有可能大胆挑战从未做过的工作。并且，他们需要的是有根据的自信，即在有所成长之后获得的自信。

现在，先让我们换一个话题。在 diamond 公司于其网站主页发布的“2020 年最有助于 20 ～ 30 岁年轻人成长的企业排行榜”中，CyberAgent 排名第四位。在众多员工评出的“2014 年最有工作价值的企业”

中，CyberAgent 在 IT 行业“20 岁年轻人最佳成长环境排行榜”中排名第一。以上数据均来自与就业和跳槽相关的信息网站与员工评论网站。总之，综合数据显示，CyberAgent 长期被评价为“适合年轻人大显身手的公司”。

我将在后文向大家介绍 CyberAgent 独特的让年轻人自主成长的机制，其中最关键的做法就是积极地提拔年轻人。因为除了工资和待遇，如今越来越多的年轻人会在就业时将“自己能否得到成长”作为选择公司的标准之一。

总而言之，我认为在企业培养年轻人的目标中，最重要的是让年轻人切实感受到自身的成长，获得有根据的自信。

不过，自信不是别人能给予的东西。年轻人只有通过自己的思考和行动积累经验，才能切实感受到成长。这么说来，企业不就什么都做不了了吗？其实不然。**企业能向年轻人提供的最佳帮助，就是为年轻人创造有利于他们自主成长的自驱环境，让年轻人在自驱环境中启动能让自身**

快速成长的自驱循环。这正是本书要重点介绍的内容。

创造自驱环境，让年轻人实现自主成长

本书介绍的是让年轻人自主成长的机制，其做法不是教年轻人如何工作，而是帮助年轻人自发地成长。而创造有利于年轻人成长的环境，将成为今后企业培养年轻人的一大主题。

在工作模式日趋灵活的今天，员工的自由度越来越高。尤其是随着远程工作的增加，个人的工作模式以及为组织做贡献的方式也变得更为多样化。在这种情况下，管理者不需要进行事无巨细的纵向管理，而是应当根据需要在适当的时机向年轻人提供支持。只有做到这一点，才有可能让年轻人实现自主成长。

为此，企业要创造一种能让员工根据自己的判断积极推进工作、实现自我驱动的环境，即自驱环境。企业为年轻人创造自驱环境正是让年轻人自主成长这一机制的本

质，也是这本书的主题。

在本书中，我会用框架图的形式和你分享这个机制。它不仅适用于年轻人，也是一个不受年龄和经验的限制、能让任何人都加速成长的方法。

20 多岁的年轻人也能成为管理者

在企业人事负责人的聚会上，经常有人问我："贵公司的年轻人为什么这么优秀？""您是如何将那么多 20 多岁的年轻人培养成经理的呢？""为什么贵公司能担任经理的年轻人有 300 人之多？"

在 CyberAgent 目前的员工中，通过校园招聘和社会招聘进入公司的各占一半，其中大部分都是 20 多岁的年轻人。CyberAgent 也因此被评价为朝气蓬勃的公司。CyberAgent 从来不借助猎头公司对外招聘分公司社长，能当上管理者的人几乎都是本公司的员工，而且不限制年龄和工作经验。在 CyberAgent，入职第二年的新人也有可能一跃成为分公司社长，也有过突然将分公司交给破格提拔者的例子，甚至员工 30 岁之前当上总公司董事也不罕见。

可以说，提拔正是年轻人快速成长的关键原因。

CyberAgent 积极提拔年轻人的事例经常被媒体报道。对不一味地只看年龄和经验、唯才是用的做法，一定会有人提出质疑：

> “CyberAgent 能招聘到很多优秀人才，所以才能大胆地任用年轻人吧。”
>
> “只有像 CyberAgent 这样的知名企业才有不顾年龄和经验选贤举能的底气。”

这些话都暗示着质疑者自己所在的公司做不到。

CyberAgent 确实会提拔毫无经验的年轻人，但大都并不是因为这些年轻人能力很强或是拥有出色的领导才能，而是为了为公司培养人才。

这听起来似乎难以理解，因为站在教育和培训的角度，很多企业都认为教育为先，会以教育之名对年轻人进行培训，不会立即提拔他们。

但我认为，**与其先教育，不如先提拔**。因为站在自主成长的角度，先提拔年轻人，才更有可能让年轻人靠自己的努力实现成长。

当然，教育和培训也能使年轻人成长，但培训不但花时间，还容易使年轻人陷入被动。这是两种培养方式最大的不同（见图 0-1）。

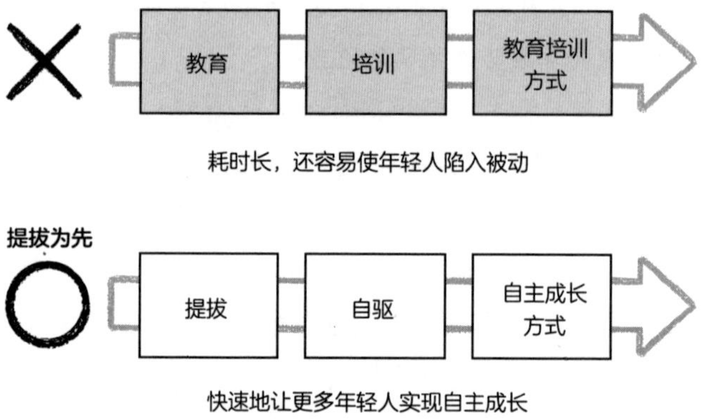

图 0-1　两种不同的培养方式：自主成长与教育培训

本书介绍的让年轻人自主成长的机制能够让普通的年轻人成长为优秀的管理者，即使他们一开始不够优秀也没关系。这个机制没有门槛，对年龄、经验、能力都没有限制，能让任何人得到成长。

正因为有这样的机制，在 CyberAgent，没有工作经验的新人也可以被提拔为经理。接下来，我将对 CyberAgent 正在实行的这个机制进行整体说明。

成为自主思考、自主决策、自主行动的人才

“环境造就人”是 CyberAgent 社长藤田晋的话。“提拔某人当经理，那个人就会努力做好经理的工作，最后成长为一名合格的经理，所以我们管理者必须创造能让人才自主成长的环境。”他经常这样对我说。

CyberAgent 是东京证券交易所上市公司，创立已有 20 多年，集团下属公司近 120 家，员工超过 6 000 人，其中包括 300 多名拥有分公司管理经验的人才。在这之

中，有人于进入公司第 8 年，也就是 29 岁左右的时候就成了全公司的前八位高层之一，也有人从内部侯选人中脱颖而出，被破格提拔为分公司的社长。

当然，仅凭我一人是不可能培养出 300 多名人才的。但是，我们可以创造一个能够让这 300 多人自主成长的环境。身为人事部门的高层，我经历过各种失败和成功，但我一直执着于为员工创造自驱环境。我认为这是从事人事工作的根本。

更确切地说，如果员工不配合，人事的工作就没有意义。例如，你制订并实施了新的带薪休假制度，但仅仅如此，你还不能算是完成了任务。只有每名员工都自发地使用新制度，推动实现组织活性化，并最终提高了生产效率、给公司带来了成果，你才算是真正做好了工作。

为此，我经常思考如何才能让员工自发地行动起来。让每名员工都积极主动地工作，而不是给他们分配强制性的任务。基于此，我萌生出了为员工创造自驱环境的想法。

再比如，人事部门有一条规矩：不要制订阐释不清的人事制度。人事工作最大的误区，就是为了尽到“阐释的责任”而制作内容繁杂的工作手册，结果难以运用于实际。

我们要遵循的原则是，可以适当地阐释，但绝不能过度拘泥于细节。所以，我决定只制订最简单的框架。管理者只需遵守大的框架，具体实施可交给员工自由发挥。归根结底，可实施性是建立人事制度的重点。

很多企业的管理者都面临着培养年轻人的难题，希望我的方法能够给你们带来一些启示，这也是我写这本书的初衷。

除了为人才培养烦恼不已的企业管理者和领导者，为了让第一次培训新人的导师、培训师、在岗培训负责人也能灵活运用本书提供的方法，我将我的观点梳理成了易于理解和实施的框架图。

到目前为止，我已经提拔了 300 多名经理，我想公开我和他们一起反复试错才获得的经验。尤其是在经历了新型冠状病毒感染疫情的危机以后，我们需要建立能够更灵活、更快速地应对危机的组织。应变能力和抗压能力强的组织则迫切地需要能自主思考、自主决策、自主行动的年轻人才。

希望本书能对你有所帮助，成为今后的人才培养教科书。

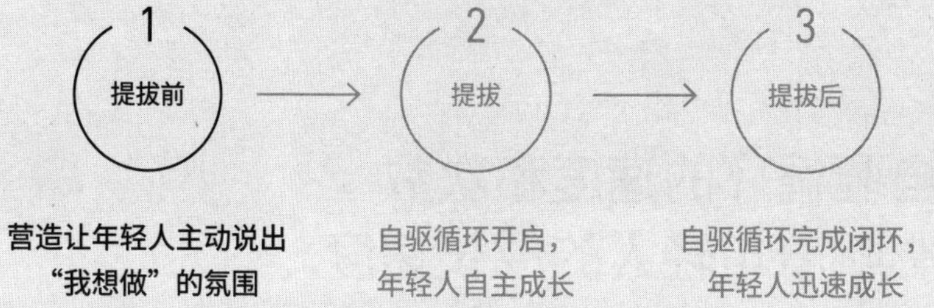

第 1 章

自驱循环推动年轻人自主成长

自驱循环的速度和次数
影响着年轻人的成长速度。

如何让年轻人一步步成长?在本章，我会对让年轻人自主成长的机制进行完整的说明。在此之前，我们需要明确培养年轻人的必要性。

为什么培养年轻人意义重大?当被问到这个问题时，大部分人事负责人会回答:

“因为不想让优秀的年轻人辞职。”
“因为年轻人尤其渴望成长。”
“因为想让年轻人感受到企业的魅力。”

企业的管理者有上述想法，我可以理解，但这些都不是培养年轻人最本质的原因。我认为，培养年轻人是为了提高企业的效益。

如果只是基于前面提到的“不想让优秀的年轻人辞职”等理由，管理者就很容易陷入为了培养而培养的误区，而忘记真正的目的。我们也可以采取反向思维：企业的最终目标是实现业绩增长、提升未来的社会影响力等，要实现这些目标就需要充分发挥各类人才的优势。

简而言之，培养人才如果不能提高企业的效益，那么无论对企业还是个人来说都将毫无意义。

一方面，再能干的管理者，一个人单打独斗也无法取得巨大的成就。**如果管理者能够给员工创造出一个利于自我驱动的环境，让每一名员工都积极主动地投入工作，那么收效将会是惊人的。**

另一方面，在培养年轻人的时候，很多人事负责人容易忽略“能否提高企业的效益”这一点，这也是培训浮于表面的原因。一些企业会给年轻人提供能获得资格证书等“可携式技能”的培训，但一味地教授技能是无法使年轻人真正成长的，而且一张资格证书也并不会提高他们的业绩（当然，与业务直接相关的资格证书则另当别论）。所以，人事负责人要摒弃为了取悦年轻人而培养他们的想法。

此外，我在后文提及的提拔式育人术也是以提高企业的效益为目的的。如此看来，你还有什么理由不去培养年轻人呢？

请你放心，本书介绍的都是相当简单且实用的技巧。每一部分都有一幅简洁明了的框架图，便于读者将其运用到自己的实际工作中。即便是现阶段觉得“这在我们公司行不通”的读者，也会在阅读过程中转变观念，产生“马上试试看”的想法。

那么，现在就进入正题吧，让我们以图 1-1 为例开始阐述。

本书的思路	**失败的例子**
【目的】提高企业的效益	【目的】留住优秀的年轻人
【方法】充分利用让年轻人自主成长的机制，使年轻人从自身的进步和取得的成果中感受到工作的价值，从而降低其离职率	【方法】为迎合年轻人的喜好而开展培训（培养从手段变成了目的）等

- 为了提高企业效益，必须培养年轻人。
- 注意不要因为担心年轻人离职，而陷入“为了培养而培养”的误区。

图 1-1　企业培养年轻人的目的

在提拔中创造自驱循环

本书的目标是让年轻人通过工作实现自我提升，最终既取得了个人成就，也提高了企业的效益，这一自主成长的过程就叫作“自驱”。一个所有成员都具有自驱力的组织，将会在今后所向披靡。

那么，企业的管理者、导师和培训师要怎么做才能让所有的年轻人都实现自驱呢?正如本书引言所提到的，关键在于管理者要为年轻人创造一个有利于其自主成长的自驱环境。而创造自驱环境，则需要构建能让年轻人自主成长的机制。本书将这一自主成长的机制命名为“自驱循环”。

自驱循环由以下 4 个步骤组成：

1. **提拔：被寄予厚望，启动自驱循环。**
2. **决策：下定决心，并通过表明意愿，增加自己的决策经验。**
3. **失败：成长的必经之路，它是完成自驱循环必不可少的过程。**

4. **学习：从失败中汲取经验，进行自我反省，为提拔后的下一阶段做准备。**

这 4 个步骤是一个循环，且其特征是第一至第三步与第四步紧密相连。随着循环的次数越来越多，经历会升华为经验值，经验值不断累积，年轻人就会快速、稳步地成长。

后文会对这 4 个步骤的要素进行逐一说明。我想先强调的是，自驱循环是一个完整的闭环，必须保证其运转的持续性和不间断。**循环的速度和次数也会影响年轻人的成长速度。**

我经常听一些企业的人事负责人说：“我们公司会开展培训，给员工提供学习的机会，但也仅限于此（见图 1-2）。”诚然，学习对人成长的意义不容小觑。但在 CyberAgent，第一步提拔、第三步失败等，也是人才成长中不可或缺的环节，它们与第四步学习一起组成了一个完整的闭环。具体来说，CyberAgent 通过打造晋升空间更大、决策参与度更高和容错率更高的氛围，为年轻人提供了更多机会，大大提高了年轻人的学习效果。

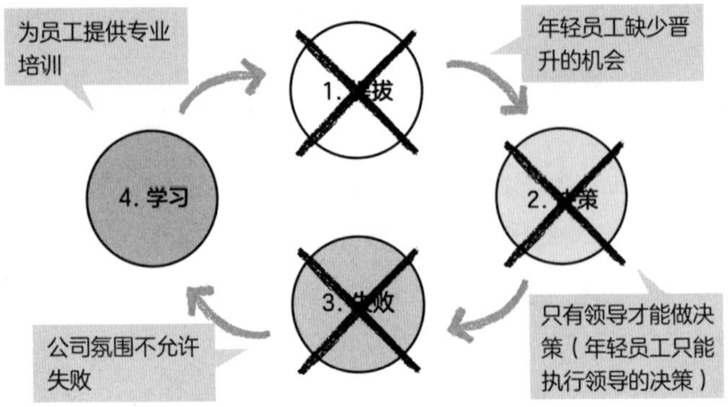

图 1-2 大部分企业的培养误区

听完我举的例子，这些人事负责人惊叹并认可了我的观点："原来失败是成长的前提条件啊！"所以，一旦理解了自驱循环是一个完整的闭环，人们就能领悟到这个道理。

我在引言中提到过，提拔是年轻人快速成长的动力，但更准确的说法应该是：提拔是启动自驱循环的第一步。在此之后，经历了决策、失败、学习的过程，年轻人才会快速成长（见图 1-3）。首先，管理者提拔年轻人，启动其自驱循环。接着，他们在反复的自驱循环中提升工作经验值，最终成长为出色的管理者，并为企业创造更多价值。正因为有这样的机制，CyberAgent 的管理者才能放心地提拔任何员工，而不是仅提拔能力出众和经验丰富的人。我将在后续章节中具体介绍自驱循环的各个步骤。

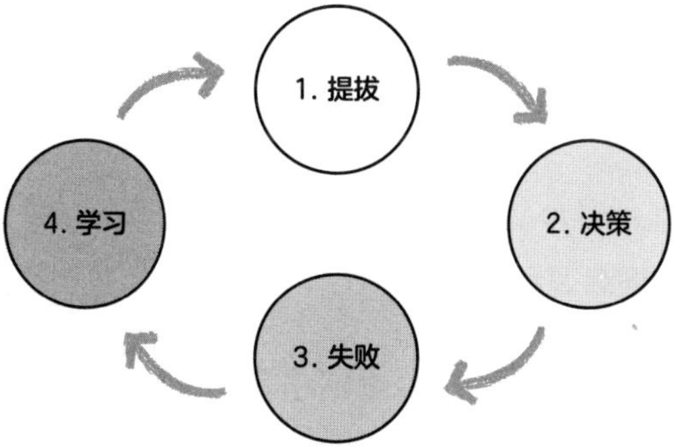

图 1-3　让年轻人实现自主成长的自驱循环

“让他说，让他做”

要建立让年轻人自主成长的机制，企业的管理者需要遵循以下基本原则——“让他说，让他做”。本书主推的提拔式育人术正是践行了这一原则。

如果企业的管理者能够按照前文所述的自驱循环机制管理员工，员工就会得到快速，甚至是飞跃性成长。即便做不到这一点，管理者遵循“让他说，让他做”的原则也能培养出人才。尤其是年轻人，他们将会发生蜕变。下面，我将对这个基本原则进行详细说明。

“让他说，让他做”由两步组成。第一步是“让他说”。管理者要调动员工的工作积极性，引导员工主动说出表明意愿的话：

“我想做这项工作。”
“让我来做吧。”
“我做！”

在年轻人自告奋勇地承担工作任务之后，领导、前辈和导师要予以积极的回应，态度明确地表示同意或批准，即第二步“让他做”。

“好，我知道了，那就交给你了。”

“OK，拜托了。”

“谢谢，那就麻烦你了！”

由此可见，“让他说，让他做”实际上是“员工自荐—领导批准”的过程，这是培养年轻人的基本原则。

需要注意的是，在这个过程中，领导和下属双方都要承担各自的责任。领导对授权负责，既然同意将工作全权交给下属，就要做好承担相应责任的准备；下属则对工作负责，对自己自告奋勇承担的工作负有直接的责任（见图 1-4）。

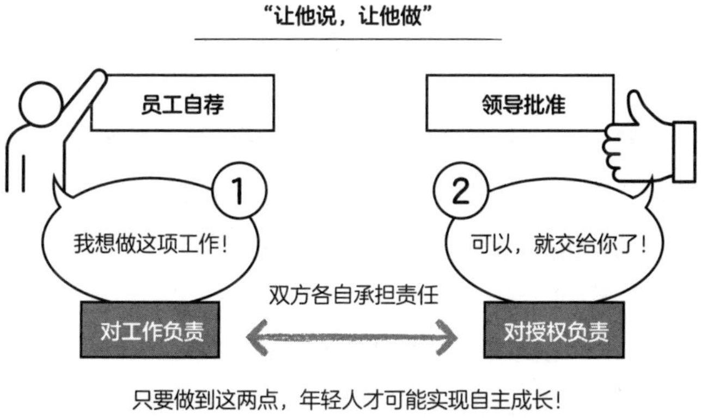

图 1-4　培养年轻人的基本原则

如果没有明确责任归属，就会产生各种各样的问题。后文的错误提拔就是因为领导和下属中的一方或者双方缺乏责任感导致的。

放开手脚，让员工自由表现

“让他说，让他做”便是让年轻人自主成长机制的基本原则。本书将该原则进一步提炼为提拔。“让他说，让他做”能让年轻人成长，提拔则会使年轻人蜕变。因此，提拔式育人术是让年轻人快速成长的不二之选（我将在后文详细说明提拔式育人术的具体内容）。这也是本书最想传达的内容。

我们用例子来简单了解一下“让他说，让他做”。例如，销售部的年轻员工 A 的目标是“半年完成 1 000 万日元的销售额”。领导首先向 A 提问：

“你打算如何推进目标的达成？”

“你觉得应该按照什么顺序，去接触哪些客户？”

也就是说，领导要做的是向员工抛出问题。在领导的引导下，A 说出了自己的想法："我想这样推进……"领导对此予以认可，然后放手让 A 自由表现。

让年轻人表达自己的想法，并给他们自由发挥的舞台，这就是"让他说，让他做"的自驱环境。

而与自驱环境不同，传统的微观管理法是指领导密切关注下属工作中的所有细节，手把手地指导下属在什么期限之内要完成什么任务。微观管理模式下的领导会事无巨细地指导下属该如何工作。很遗憾，这样是培养不出人才的。

不仅如此，被领导过度下达指示的员工，工作积极性也会越来越低，不久后他们就不再独立思考，变得越来越被动，只会按照领导的吩咐行事。**微观管理越细致，员工就越容易停止思考**（见图 1-5）。久而久之，他们就会消极怠工，觉得"工作太麻烦了""什么都不想做"，工作表现也会下降。

反之，如果领导鼓励年轻人毛遂自荐，并适当授予年轻人一些权力的话，年轻人就能充分发挥主观能动性，迈入“独立思考、自主行动”的自驱循环，以惊人的速度成长起来。一旦习惯了自驱环境，年轻人就会越来越积极，也更容易产生“自己要再多做一点”的想法。

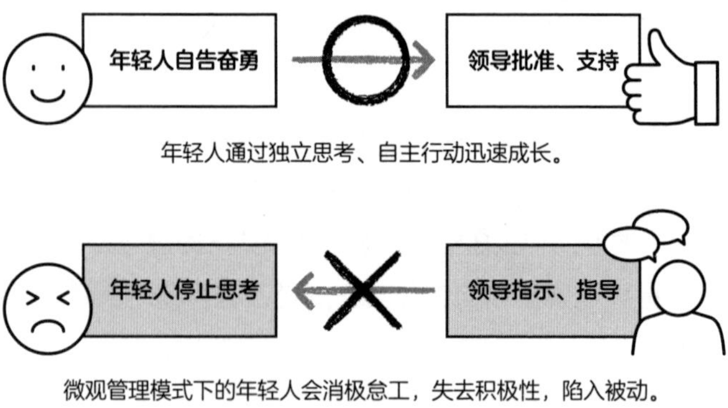

图 1-5　领导者过多的指示和指导会令年轻人停止思考

在这个过程中，领导要不断抛出问题，对年轻人提出的想法予以赞赏，放手让年轻人独当一面。当年轻人看到自己主动承担的工作取得了成果，就会产生自我认同感和自信，并在之后的工作中更加主动。

总而言之，在自驱环境中，年轻人的工作表现将得到巨大的提升。话虽如此，可能也有人会质疑：员工怎么可能一下子就变得积极主动呢?我会在后文详细介绍激发员工主动性的具体做法。

做擅长培养的管理者

下面我还要传达一个要点。我在本书的引言中提到，培养年轻人的目标是让年轻人获得自信。因而，能否做到这一点就是擅长培养和不擅长培养两者间的决定性差异。

不擅长培养的管理者只会一味地指出年轻人的错误，削弱他们的自信心，或者强行给年轻人灌输自己的做法，不让他们自由发挥。如此一来，年轻人就会畏缩不前，也不会产生自信。

管理者也不能因为一时兴起就随意给年轻人分配工作，如“你帮我做下这个”“那个也拜托你了”。在忙碌的职场中，一些管理者总是接连不断地给年轻人指派各种杂活。这类管理者主张让年轻人在工作中实践，在实践中学习。

但是，站在年轻人的角度，他们只是被动地完成领导指派的一个又一个任务，看不到工作的全貌，就算完成的任务数量再多，也无法真正地理解工作内容。因此，他们没有信心担负起工作的责任，且内心一直处于一种不安的状态。

那么，事无巨细地把工作的方法教给年轻人，这种培养方式如何呢?其实，**对年轻人指导过度是最常见的不擅长培养的表现。**

一些管理者会手把手地指导年轻人。这种做法乍一看很完美，但也无法让年轻人成长。因为如果什么都要靠管理者教的话，年轻人就会停止思考。

而且，即使把学到的业务完美地完成了，他们也不会因此产生自信，相反，他们甚至会丧失自信，而这是非常危险的。

“因为我不够成熟，不能独当一面，没有人

教我的话就做不到。”

“没有某某的指导，我就什么都做不了。”

在过度指导的管理者手下，有不少年轻人会产生这样的自卑感。这样一来，年轻人永远都没法产生自信，也不会成长。

那么，仅靠表扬又如何呢?遗憾的是，这也不能培养年轻人的自信。

在一开始，表扬的确可以有效地激励年轻员工。但是，表扬的效果是有限的。因为表扬无法使人产生真正的自信，而且“仅仅能够完成工作”和“切实感受到自己的成长并产生自信”是两码事。反过来说，如果年轻人在工作时能带着自信，那么，无论是否能得到表扬，他们都会积极主动地投入到工作中去。

擅长培养的管理者会让年轻人自己在工作中思考和体会，只有在其遇到问题时才会给予帮助。这样做可以促进年轻人独立，最终让年轻人获得自信。

图 1-6 为擅长培养和不擅长培养的管理者的不同表现与结果。

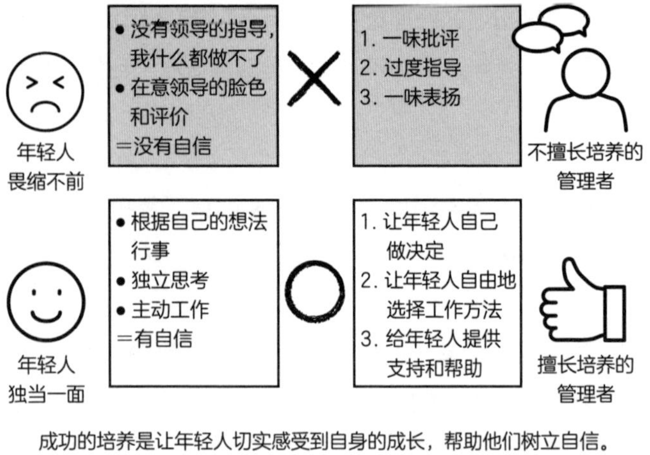

图 1-6 擅长培养和不擅长培养的决定性差异

鼓励自荐，帮年轻人迈出成长的第一步

在职场中，突如其来的提拔有时会让被提拔者产生被强迫的感觉。为了避免这种情况，让年轻人主动表明承担工作的意愿是很重要的，这正是“让他说，让他做”的意

义所在。

当然，强迫年轻人“说”是不好的。就像《北风和太阳》的寓言一样，北风和太阳比赛谁能让行人脱下斗篷，北风用尽力气扬起寒风反而使行人将斗篷裹得更紧，而太阳用温暖和煦的阳光就成功地让行人脱下斗篷。企业的管理者要成为“太阳”，让年轻人根据个人意愿自然地说出自己的想法，而不是强迫年轻人开口。如果年轻人认为某项工作是“领导吩咐我做的”，就会很容易像前文所述那样推卸工作责任。

我有一个在跨国公司工作的朋友，他刚进入该公司的时候，就发现了一个让人吃惊的现象：一些员工明明没有掌握足够的技能，也没有胜任这份工作的能力，却能毫无顾虑地自荐。而且在那家公司，这样的人会不断得到机会。

为什么会这样呢?我想举个例子来解释这种现象。在日本，有人会对海外的商务人士抱有“精明强干”的印象，认为他们能明确地表达自己的看法，迅速做出决断，还具备更高超的工作技能。但刚接触时，这些人会发现，与日本的商务人士相比，海外商务人士的水平并没有那么高，特别是在发言内容和工作技能方面。不过，随着时间的推移，二者之间的差距会逐渐拉大。道理很简单，因为在能力不足时，选择自荐的人会不断付诸行动。在积累经验的过程中，他们就会慢慢具备相应的能力。

自荐的人通过主动提升自己，使自驱循环得以运转，能力快速提升，这个过程被称为自我提拔。正是由于自己做了很多决策，也经历过失败，他们才能在短时间内取得飞跃性成长。由此可见，作为年轻人成长的第一步，自荐（表明意愿）是多么重要。

以上事例让我想起了 CyberAgent 现任专务董事石田裕子。

那是她毕业一两年后的事情，石田当时在销售部工作，我是她的直接领导。在面谈中，她多次直接跟我要求说：“希望您能让我负责最大的客户。”于是，我开始循序渐进地给她委派工作，先让她进行分析工作，然后再让她尝试独自在客户那里开展销售工作。

结果，当时还是新人的石田在很多客户那里创下了足以令其担任经理的业绩，现在她已经成了 CyberAgent 的前八位高层之一。

不仅是石田，在 CyberAgent 获得最有价值员工奖（MVP）的年轻人都有一个共同点，那就是他们在活跃于职场之前都会进行自荐。而且，所有人都是一进公司就马上表明自己想做某项工作。

例如，工程师 A 在入职第一年就获得了 MVP，他一进公司就对前辈说“我想做管理”，于是前辈问他：“你所说的管理具体是指什么？”A 回答不上来。但 A 随即开始思考自己真正想做的是什么，之后，他在工作第一年就被提拔为某视频社区平台的开发团队负责人。

原本就具有很高潜力的年轻人，通过发出“我想做某项工作”的宣言，得到了不同的提拔机会，这样的例子在 CyberAgent 屡见不鲜。正因为这些年轻人表达了“我想做”的意愿，才会得到新的机会，并顺利地在职场中脱颖而出。

当然，优秀的人只要持续做出工作成绩，自然很快就能得到提拔。但是，这对他们来说还不够，因为越是优秀的人，越希望自己能尽快成长，以取得更大的成就。像石田和工程师 A 这样的员工，正是因为先自荐，才能这么快获得负责重要工作的机会，最终实现飞跃性成长。

最后，如图 1-7 所示，希望你也能够理解鼓励年轻人自荐的重要性。

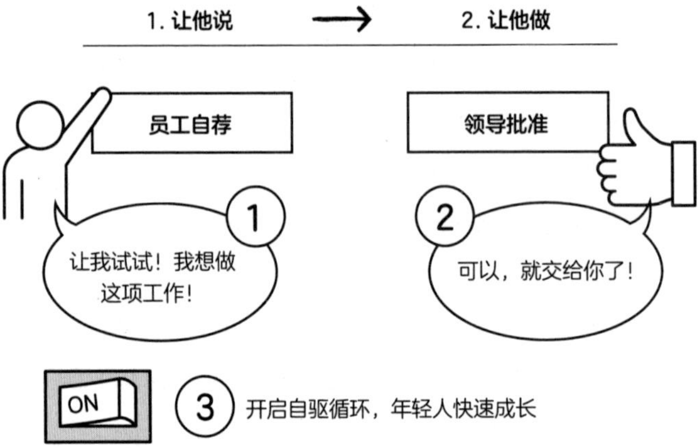

图 1-7　自荐对年轻人的成长不可或缺

明确传达自荐的好处

站在企业管理者等培养方的角度，应该能够充分理解鼓励年轻人自荐的重要性。然而，职场中的年轻人又是如何看待自荐的呢?现实情况是，像前文提到的石田那样在刚毕业时就能大胆自荐的人并不多见。

因为自荐是需要勇气的行为，且伴随着很多风险，很多人会觉得：万一失败了，会给周围的人添麻烦；可能会尴尬，别人对自己的评价也会下降……这么一想，绝大多数年轻人都会认为不自荐比较保险。而且越是认真负责的人，越会慎重做决定，犹豫不决。在掌握了这个大前提的基础上，管理者要怎么做才能改变现状呢?——明确地向年轻人传达自荐的好处。

“自荐是为了你的成长”这句话并没有错，但是它无法打动还做不到主动说出“我想做”的年轻人。同样，这句话也无法打动只顾着完成眼前的工作，没有余力追求成长的人。

而我会这样告诉年轻人：“如果你选择自荐，将会得到更多来自周围人的支持。”当年轻人迈出那一步后，就能更好地在领导、前辈和同事的协助下推进工作，得到更多支持。遇到不懂的问题和自己做不到的事情，他们都可以寻求前辈等的建议和帮助。而且，自己越努力，得到的支持就越多。

因此，**自荐最大的好处是，缺乏自信的年轻人可以放心地寻求周围人的帮助**。换言之，管理者告诉年轻人自荐是为了让他们获得更有利的工作资源，将会减少年轻人对自荐的心理障碍。

此外，因为自荐而获得周围支持的人并不仅限于年轻人。比如，CyberAgent 旗下的模型制造公司 eStream 的董事长竹原康友曾明确地将自己的雄心壮志公开：“我们要制造出让 1 000 万人感动的产品。”我从报道中得知他的抱负时，立刻向他发送了“我支持你”的信息。

企业的高层和领导者表明他们的野心，不仅会赢得团队成员的拥护，也会得到更多来自周围人和用户的支持。

反之，倘若企业的年轻人没有表明意愿，那会发生什么?请想象一下难以得到周围人协助的状态：一个人默默地努力，却没有人看到；自己在挑战新事物，却无人知晓。很多企业的年轻人都会陷入这种“无人问津”的状态。

不过，年轻人遭遇“无人问津”可能也与远程办公导致的沟通不畅有关。但一般情况下，当努力工作的年轻人发现没有人关注自己的时候，就会产生孤独感，不久后就会放弃努力和挑战。甚至有人会认为自己在这家公司已经得不到认可，于是考虑跳槽。

“我们公司有很多优秀的年轻人辞职了。”许多人事负责人都有这样的烦恼。

但我想问问这些人事负责人：“你知道这些被评价为优秀的年轻人之前做什么具体工作吗?他们在工作中有怎样的表现和成长?领导和同事如何评价他们?你是否一清二楚呢?”

很多时候，管理者对年轻人的印象只是“听说他很优秀”，这就是一种危险的信号，意味着那名年轻人很可能陷入了“无人问津”的状态。

为了不让优秀的年轻人才流失，管理者、前辈、导师、培训师等有必要向年轻人明确地传达自荐的好处（见图 1-8）。

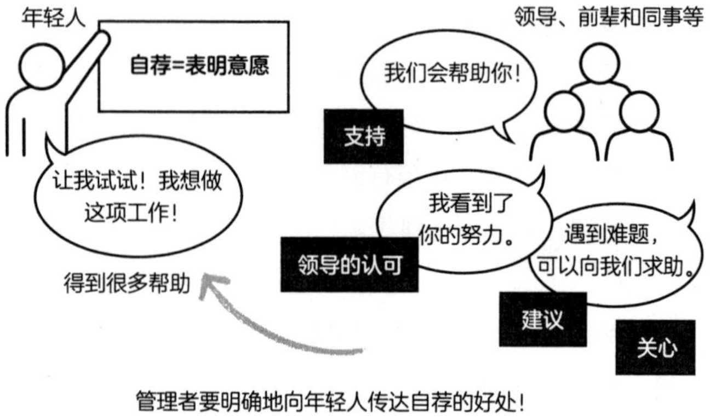

图 1-8　年轻人通过自荐获得支持

把话语权交给年轻人

“培养年轻人确实应该像你说的那样，鼓励他们自荐，再给予支持。”听了我的观点后，某公司的人事负责人表示认同，但同时向我表达了困惑：“我们公司的员工都很被动，让他们自荐是不可能的。你的方法只有在CyberAgent 这样的知名大型企业才能行得通吧?我想让我们公司的年轻人变得独立自主，该怎么做呢?”

其实，CyberAgent 也有被动的员工，但公司提倡尊重本人意愿，员工是否自荐归根结底是个人自由，管理者不能强制。因此，我非常理解该人事负责人的烦恼。

那么，怎样才能让被动的年轻人主动承担工作呢?办法就是，平时就要让年轻人拥有话语权。

让我们从结论倒推。**企业的管理者希望年轻人自告奋勇地承担工作，就必须让年轻人养成主动发表自己意见的习惯**。如果年轻人能在日常工作中习惯性地发表自己的看法“我想这样做”“我是这么想的”，自然就会主动说出“我想做这项工作”。

让年轻人发表自己的意见，就要先训练年轻人独立思考，形成自己的观点。

举个例子，如果参会时领导说“你只要默默地听就好了”，你还会认真思考会议的议题吗?大多数人可能都会因为自己绝对不会被征求意见，假装聚精会神，放弃深入思考议题。不知不觉中，年轻人就会丧失独立自主思考的能力。而在这样的环境里原本就没有机会表达想法的人，即便突然被要求发表自己的意见，想必也会支支吾吾地回答不上来吧。

没错，导致年轻人没有发言的机会，即没有话语权的根本原因，是他们连用自己的头脑思考的机会都没有。在这种情况下，年轻人不可能成长。

因此，为了让年轻人形成自己的观点，养成主动思考的习惯，管理者要给年轻人发表意见的机会。**帮助年轻人摆脱被动的第一步是让他们拥有话语权**（见图 1-9）。

- 员工不自荐是有原因的
- 只是单方面地听从领导的指示，根本就没有发表自己意见的机会
- 没有机会发表意见的人，也没有机会用自己的头脑思考
- 员工需要拥有话语权

管理者要明白被动不是员工的错，而是环境导致的！

图 1-9　摆脱被动的第一步是让年轻人拥有话语权

在你身处的职场中，看似被动的员工有机会发表自己的意见吗?管理者要先从创造发言的机会开始。至于如何给员工创造发言机会，让员工主动发表自己的意见，我将在后文进行说明。这个方法非常简单，但效果显著，请你务必试一试。

不断提问，引导年轻人表达意见

如前文所述，企业的管理者希望年轻人摆脱被动，首先要让年轻人养成独立思考的习惯。对此，我给管理者的建议是要有意识地为年轻人创造发表意见的机会。然而，要让一直以来很被动的人一下子说出自己的想法不是一件容易的事情，所以管理者要循序渐进，让年轻人从“用自己的语言表达”开始做起。具体做法很简单，即从“输入”到“输出”。

例如，我已经敲定方案 A，却在最后询问员工的看法:“我觉得应该选择方案 A。大家是怎么想的呢?”对员工来说，我的问题看似只是让他们把我的话重复一遍，实际却能够对他们产生巨大的影响。即使方案 A 毋庸置疑是最佳选择，大多数人也不会鹦鹉学舌般地回答“我觉得应该选择方案 A”，而是会加入自己的理解，用自己的话来表述。

“是啊，您说的有道理。但我觉得比起方案 A，方案 B 会不会更好呢？”

“我觉得方案 B 和方案 C 也可行，但考虑到预算和交货期的平衡，方案 A 确实是最好的。”

让员工对听到的内容予以反馈，这一做法具有相当强大的力量。因为它可以促使员工绞尽脑汁地进行“思考”和“编辑”，把从别人那里听来的话转换成自己的语言。由此可见，重要的是独立思考，以及重新组织语言再反馈给对方的过程。

领导：“明白了吗？”

员工：“明白了。”

与前一种情况相反，若职场中发生了以上对话，就说明员工只是听从领导的指示而已。员工懂得怀着敬意听领导说话，确实做到了“输入”。但是，仅仅这样是无法实现成长的，因为员工没有通过自己的独立思考创造出任何东西。

因此，为了让员工用自己的语言表达，领导要进一步提出问题。

领导："明白了吗？"
员工："明白了。"
领导："太好了。那你是怎么理解的呢？"

只要增加一个问题，就能促使员工开动脑筋，完成输出工作。这就是从"输入"到"输出"的完整流程。

"你是怎么理解的？"
"你会如何解释这个问题？"
"你觉得接下来该做什么？"
"如果让别人来完成这项任务，你会如何向他说明？"

提出诸如上述问题，让员工用自己的语言表达清楚。而且，领导也能从员工的回答中知道对方是否理解了自己的话，是否能够将听到的内容按照其理解转述给其他人。

不高明的管理者只会对员工"输入"，一味地向员工灌输自己的想法，命令员工服从安排。甚至，也有管理者会打断试图发表意见的员工："你不用说了。"这样，员工就会陷入停止思考的状态，而且发生这种情况后，不管时间过去多久，被动的员工永远都不可能摆脱被动。

管理者要让员工养成用自己的语言表达的习惯，哪怕只是对小事发表意见。这样一来，原本被动的人也会自然而然地发表自己的观点，并由此产生主动表明"我想试着做……"的意愿。这正是"让他说，让他做"中"让他说"的基础（见图 1-10）。

图 1-10　从"输入"到"输出"的对话

为了便于管理者在平时和员工进行从“输入”到“输出”的对话练习，我制作了一张从“输入”到“输出”的对话转换表（见表 1-1），希望对你有所帮助或启发。

表 1-1　从“输入”到“输出”的对话转换表

“输入”（说明）	“输出”（提问）
说明工作的方法	你是怎么理解的？
说明工作的方法	你会如何解释这个问题？
说明工作的方法	如果让别人来完成这项任务，你会如何向他说明？
传达工作要点	你认为我们应该注意什么？
传达工作目标	我们为什么要做这项工作？
传达工作目标	这项工作做到哪一步才算是达到了目的？
决定任务的优先顺序	你认为接下来应该怎么做？
决定任务的优先顺序	你认为首先要从哪一方面着手？
决定汇报、联系、商讨的时间	下次何时汇报工作？
确认问题关键	你怎么看待这个有争议的问题？
确认问题关键	你要如何向别人阐明这个问题？
提醒员工不要孤军奋战	要完成这一部分，你觉得需要获得哪方面的支持？
制订工作计划	这项任务什么时候能完成？告诉我你的规划。
制订工作计划	这周你有什么工作计划？

建立心理安全感，团队成员才能主动出击

管理者想让团队中的年轻员工主动承担工作任务，就必须建立团队的心理安全感。所谓心理安全感，是指团队中的每个人都不会感到恐惧和不安，处于能够安心地发言和行动的状态。

企业的领导者、管理者、培训师如果想让员工充分发挥主动性，安心地发表自己的意见，应该怎么做呢?我的建议是，向员工发出“我在关注你”的信号。换句话说，就是满足员工想要得到领导者认可的需求。

那么在日常工作中，领导者和管理者们应该如何向员工发出“我在关注你”的信号呢?

例如，领导者可以给员工在公司内部聊天工具上发布的评论点赞，偶尔回复一两句慰问的话或感想；可以浏览员工的工作日报后附上评语；可以在回复员工的邮件中写下“很好，我看好你”以表示支持。哪怕只有寥寥数语，都能给员工极大的鼓舞。

领导者和管理者明确地对员工的表现做出回应，就是在向员工发出“我在关注你”的信号，其中最有效的方式是与员工直接对话。

如何与员工直接对话?我推荐 5 分钟早会的方式。每天上午 10 点，用 5 分钟的时间和员工一起谈谈昨天完成的工作和今天的计划（也可以采取网上会议的形式）。对员工的发言，领导要适当地表示认可，比如“很好”“这个解决办法不错”等，但也没有必要做出夸张的回应。“我想听你发言，你有 5 分钟时间”，领导用这样的话开头，主动创造倾听员工发言的机会，就足以向员工传达“我在关注你”的信号了（见图 1-11）。

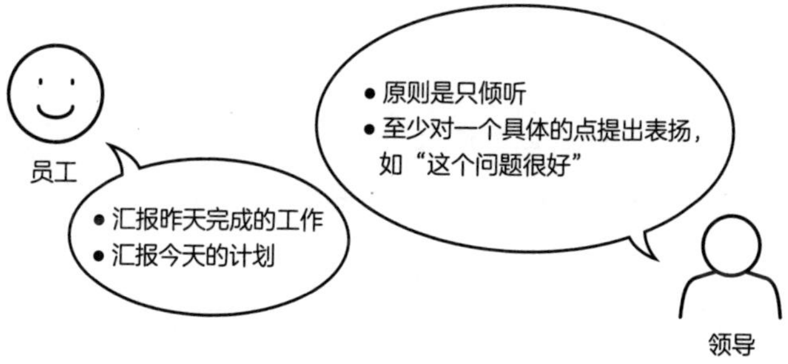

早会的目的是向员工发出“我在关注你”的信号，强化员工的心理安全感。

图 1-11　利用每日的 5 分钟早会向员工发出“我在关注你”的信号

接收到“被关注”信号的员工能够获得心理安全感。但过分的关注也会变成“监视”，给员工造成压力，管理者需要注意这一点。

员工有了安全感，就会不断接受新的挑战。我经常听到这样的例子：在领导的认真回应下，一开始连问题都回答不上来的新人渐渐变得自信，短短几周后就能构思出好几个创意，一个月后还主动表示想做项目负责人。

特别是刚入职的年轻员工，由于他们没有形成先入为主的观念，有时会以老员工想不到的切入点提出创新而大胆的方案。所以，强化员工的心理安全感，一些员工就有机会获得飞跃性的成长。因此，管理者一定要有意识地倾听员工的想法，给员工创造自由发言的环境。

那么，管理者具体该怎么做呢?——对员工的表现做出回应的诀窍是表扬，表扬，再表扬。

在讨论擅长培养与不擅长培养的决定性差异时，我强调过管理者一味地表扬员工是不会让员工成长的，但表扬是在管理者和员工之间建立沟通的第一步。前文提到，管理者要在日常的对话中鼓励员工从“输入”到“输出”，形成自己的看法。当员工发表自己的意见时，管理者首先要提出表扬。“这个创意挺有趣的”“你提的问题很关键，这里的确容易造成误解”“改良后的方案非常优秀！不仅可以立刻实行，用户满意度也很高”。管理者的表扬能使员工充分意识到领导是认可自己的、关注自己的，继而产生安全感和信任感。有关表扬的具体方法，我会在第 2 章中详细介绍。

员工的自主表达是做决策的体现

让员工用自己的语言表达，还能达到其他意想不到的效果。首先是加深印象，防止出错。因为员工几乎不会忘记经过自己理解、思考和整理后的发言。例如，一位领导将 A 业务交给某员工，让该员工制订工作计划。

领导：“我刚才已经对 A 业务进行了说明，你觉得应该按照什么步骤来做呢？”

员工：“首先……，其次……。有件事需要再和您确认一下，截止日期定在明天可以吗？”

通过如上对话，领导和员工都明确了业务的负责人、操办流程和关键时间节点，这样便能有效地防患于未然，避免 A 业务在交办的过程中停滞不前，或者中途出现错漏。

其次，比起单方面听从上级的命令行事，自己给自己下达指示的员工会更加积极主动地完成工作。

此外，员工“用自己的语言表达”这一行为本身，相当于表明了自己“按照……的步骤，完成A业务”的意愿，可以说是经历了一次决策。

此时，你是否回忆起了本章前面提到的自驱循环呢？第一步提拔：被寄予厚望，启动自驱循环；第二步决策：下定决心，并通过表明意愿，增加自己的决策经验。这一步可以通过从“输入”到“输出”的对话来实现。之后的失败和学习两个步骤也可以在对话中完成（见图 1-12）。

让员工用自己的语言表达，可以为自驱循环的系统性实践打下基础，请各位领导者和管理者、导师、培训师务必在实际工作中加以应用，你会惊讶于员工超乎想象的变化。

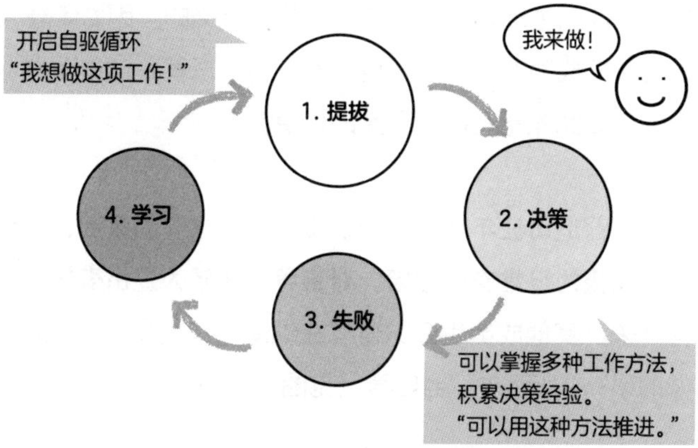

图 1–12　通过“用自己的语言表达”增加决策经验

允许谈论失败，才能积累有效经验

日本很多企业的年轻人都存在消极、被动的问题。虽然提拔与否与本人意愿有关，但如果职场的氛围得不到改变，这一问题始终都不会得到解决。

因此，企业的管理者首先要力所能及地营造让年轻人主动说出“我想做”的氛围。在年轻人变得墨守成规之前，让他们主动说出“我想做”是有意义的。因为年轻人一旦有了成功的经验，对自荐的抵触心理就会自然而然地消除，如此才能发挥出最大的价值。

要营造出让年轻人主动说出“我想做”的氛围，关键是从积极的日常交流做起，对自荐的年轻人提出表扬。这样一来，其他成员也会觉得“在这家公司，我可以做我想做的事”，从而放心地自荐（见图 1-13）。

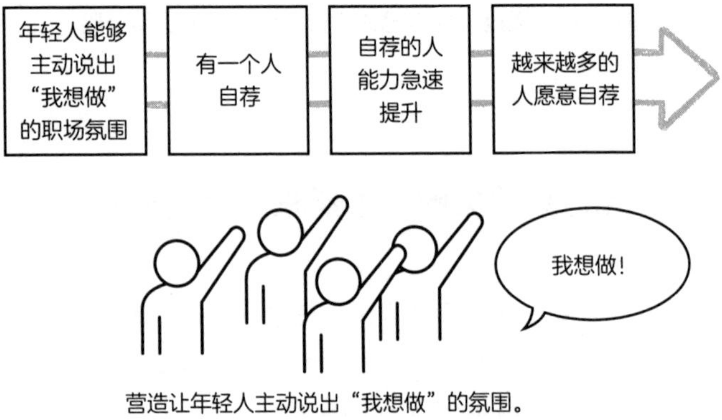

图 1-13 实现提拔的正向反馈

对于企业管理者来说，以下是营造让年轻人主动说出“我想做”的氛围的相关诀窍：

- 多以肯定的语气回应年轻人。
- 对自荐的年轻人提出表扬。
- 即使年轻人失败了也不要斥责。
- 询问年轻人失败后的启示。
- 失败后让年轻人吸取成功之人的经验。
- 公开讲述自己的失败经历。
- 鼓励团队成员分享各自的失败经历。

最后两点尤其重要，讲述自己的失败经历不仅能传授经验，还能避免再次犯错。特别是管理者和领导者积极地讲述自己的失败经历，会让年轻人觉得“连领导都失败过，所以我失败也没有关系”，对强化年轻人的心理安全感是非常有效的。而且，还可以帮助员工了解其为人、拉近与员工的距离，因此建议管理者不要只分享自己的成功，也要不断分享自己的失败。

同样，我也推荐管理者鼓励团队成员分享各自的失败经历。如果你尝试了这个方法，一定会在年轻人中引发热烈的反响。**分享各自的失败经历不仅可以引起年轻人的共鸣，提高年轻人的安全感，还能增强团队的凝聚力。**

“原来大家都有同样的烦恼啊。”

“失败过的不只是我。”

“大家都失败过，所以我挑战失败了也没关系。”

你所在职场的氛围鼓励年轻人自荐吗（可参照表 1-2）？

表 1-2　你所在的职场氛围鼓励年轻人自荐吗

年轻人难以自荐的环境（当心这种氛围！）		鼓励年轻人自荐的环境（你能否做到？）
□“不对，不是这个意思”等，领导的回应多为否定的语气	⟶	□“不错！”“听起来很有趣！”等，领导的回应多为肯定的语气
□工作场所很安静。领导总是板着脸，看起来日理万机，禁止除邮件和聊天工具以外的任何交流	⟶	□领导和员工都面带笑容。员工在工作场所可以闲聊，甚至开玩笑。邮件和聊天工具上的交流也很活跃
□领导有时会跟员工说话，但员工几乎不会主动和领导交流	⟶	□工作中，员工能愉快地和其他人打招呼，线上也能轻松交流
□员工失败或失误会遭到批评，而且是在周围人能听到的地方被领导训斥	⟶	□领导和员工之间的沟通交流是双向的（“下次发生同样的事情该怎么办呢？”“还好这次提前发现了”等）
□领导对员工漠不关心或不感兴趣	⟶	□领导很关注员工，了解每个人的工作内容和性格
□员工没有得到过领导的表扬，也没见领导表扬过别人	⟶	□员工经常得到领导的表扬，也听领导表扬过别人

缺乏交流的远程工作环境往往会导致团队成员的心理安全感弱化。正因如此，我们更需要有意识地进行开放的交流，针对这种情况，公开讲述失败经历是一种极为有效的手段。

可以说，允许员工谈论失败的职场，也是鼓励员工发表意见的职场。在鼓励员工发表意见的职场中，自然会有人主动说出“我想做”，自告奋勇地承担工作。像这样营造让年轻人主动说出“我想做”的氛围，你是否做到了呢?

自我提拔，管理者也需要自主成长

如果你是中层管理者，若想要快速实现个人成长，那么自己做自己的培训师，自我提拔会是一条捷径。

其实很多人都明白主动抓住机会才能迅速提升个人能力，但就是没有勇气迈出这一步。还有一大部分人不是因为不好意思才不主动，而是自己也不清楚到底想不想做这项工作，因此犹豫不决，结果放任机会白白流失。在职场中，缺乏主动性的不只是对工作还没有信心的职场新人，还有不少中层管理者。

中层管理者有很多不得不做的工作，很多人太繁忙，所以不想给自己增添负担。倘若询问中层管理者："你在这个公司有什么想做的事情吗?"大多数人只会含糊地回答"没有什么特别想做的"。如果你也出现了同样的情况，那就有点危险了。

丧失主动性是管理者自身成长停滞的信号。

年轻人会意识到他们的领导在职业发展和个人能力方面遇到了瓶颈，并冷静地观察这一现象。"在这家公司，晋升为管理者就意味着不再进步，这样真的没问题吗?"故步自封的领导只会让年轻人感到不安。也就是说，身为年轻人的培养人的中层管理者，其自身才是最需要成长的。

自我提拔正是为企业的中层管理者量身制定的自我提升计划。首先，你可以问自己以下几个问题:

“一年后我想取得怎样的成就?”这样一来，你的脑海中就会浮现出具体的构想:“针对目前的工作，接下来我想在这方面更进一步。”然后继续向自己提问:“如果自己现在负责的业务在一年后大获成功，我会怎么做?”你会得出答案。

具体到这里，再加上“一年后”这个条件，你的目标已经十分明确了。现在马上将这个目标记录下来，并在最后一行写下自己的“宣言”。

> 一年后，我要完成：
> “让销售额翻一番。”
> “让自己负责的业务被评为公司第一。”
> “获得 10 万用户。”

现在，你可以想象你是自己的领导，对自己的表态予以认可，可以用红笔画一个大大的圆圈表示批准。毕竟是自我提拔，你可以自由、大胆地表达你的想法，就算提出很有野心的目标也不为过。

接下来，有一个方法可以大大提高自我提拔的成功率，那就是将目标公开。

一方面，将自己大胆的目标公开多少需要一些勇气，但此举既不会造成任何损失，也不会给领导和部门的人添麻烦，可谓是风险极低的挑战。另一方面，把目标告诉其他人，也就是将目标书面化，更能让自己和对方记住这个目标，有助于提高达成目标的可能性。

而且，将目标公开可以给你带来必要的支持。可能有人会觉得自我提拔是一种孤军奋战，但如果你公开自己的目标，说不定会迎来意想不到的援军。

“我来给你介绍潜在客户。”
“试着像这样做宣传怎么样？”

如此这般，很多信息和点子会在不知不觉中聚集到你的身边。

如果你得到了周围人的支持，成功了就会受到好评，然后，就会再进行新的自我提拔。这个循环是只有在自我提拔中公开目标的人才能经历的快速成长循环。

一开始制订难度较低的目标也没关系。在 22～30 岁的 8 年间，你可以进行 8 次自我提拔。虽然在大型企业工作的人到了 30 岁可能就没有晋升机会了，但即使是大型企业的员工，经过 8 次自我提拔也能成长很多。

在自我提拔的过程中，你会很自然地想到以下问题：

“为了在一年后取得我想要的成功，我需要什么样的技能和经验？”

“我想取得……资格。”

“我想积累……经验。”

像这样从结果倒推，你就能更有针对性地思考和完善你的提升计划。

“想象一年后的成功”这个方法适合进入职场 2～3 年后开始变得安于现状的人，其效果非常显著。

如果询问员工“一年后你想变成什么样”，有的人会回答“保持现状就好”“没有什么特别的想法”，但如果询问他们“一年后你想在哪方面取得怎样的成功”，很多人都会自然而然地想到接下来的挑战和成长，他们的脑海中会清晰地浮现出想做的事及应该做的事。

“你想变成什么样”这样的提问会让人觉得自己被问到的是遥远的将来，也有人会感到压力，觉得“非得说些什么宏大的东西不可吗”。

甚至，有人连一年后的事情都觉得很遥远，感到无法想象。在这种情况下，请不要拘泥于一年的时间间隔，你可以将时间缩短为半年后、三个月后。时间间隔越短，越能制订出具体的目标（见表 1-3）。

举个例子，假如你连续几年都在做同一个项目，那么你可以问自己“你想运用在这个项目中习得的技能取得怎样的成功”“如果要调动部门，去哪个部门更好”。先得出自己的真实想法，再从结果倒推，制订行动计划。

想象自己一年后可能会取得的成功，运用倒推思维采取行动，就能对在什么期限内进行怎样的自我提拔做出更具体的计划。

表 1–3 “自我提拔”表格示例

一边想象自己的成长，一边写：
一年以后，我想实现怎样的目标？
为了实现这个目标，我需要什么技能和经验？
半年后、三个月后呢？时间轴越短， 越能够进行具体的设想。 运用倒推思维，提升成长速度！

打造持续运转的自驱循环

- 如果管理者能够给员工创造出一个有利于自我驱动的环境，那么收效将会是惊人的。
- 创造自驱环境，需要构建能让年轻人自主成长的机制，即自驱循环。这一循环由提拔、决策、失败和学习 4 个步骤组成。
- 自驱循环的速度和次数会影响着年轻人的成长速度。
- “让他说，让他做”即“员工自荐—领导批准”原则，是培养年轻人的基本原则。
- 擅长培养的管理者会让年轻人自己在工作中思考和体会，只有在其遇到问题时才会给予帮助，这样做可以促进年轻人的独立，最终让年轻人获得自信。
- 只有敢于在自我提拔中公开目标的人，才更有可能利用自驱循环实现快速成长。

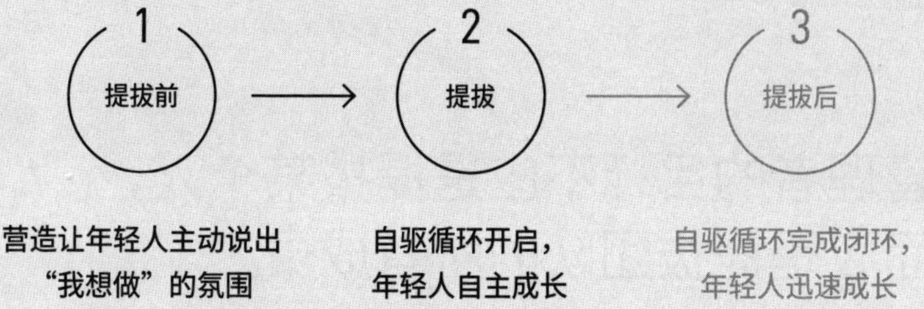

第 2 章

自驱循环第一步，把被期待感转化为成长动力

管理者的目标不应是提拔某个人，
而应是提拔团队的所有成员。

我在第 1 章说过，培养年轻人是为了提高企业的效益。**想让年轻人取得更好的成绩，就要让他们在工作中得到锻炼，首先要做的就是提拔**。提拔是让年轻人开启自驱循环的第一步。提拔不仅能使年轻人自身迅速成长，还能给整个团队带来巨大的收益。

想必现在你已经知道“只有优秀的年轻人才能得到提拔”是错误的观点了，在本章，就让我们一起探讨如何正确地提拔员工吧。我们要掌握提拔的 3 个原则（见图 2-1）。

- 为了提高企业的效益，要提拔年轻人。
- 对所有员工都可以进行提拔。
- 要用正确的方式提拔年轻人，他们才能快速成长。

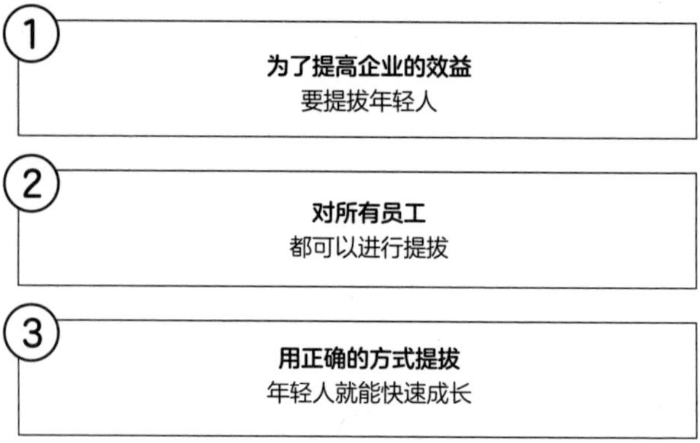

图 2-1　提拔的 3 个原则

不提拔、提拔不足与错误提拔

企业管理者要转换思维，不能再一味地对年轻人进行教育和指导，而是要让年轻人自己进步，并积极地为他们创造有利于其自主成长的环境。而提拔，就是一种能让年轻人实现自主成长的方式。

正如我在前文多次强调过的那样，提拔是让年轻人开启自驱循环的第一步。但遗憾的是，很多企业都会出现

3 种提拔问题（见图 2-2）。

1. **不提拔**：根本就不提拔年轻人
2. **提拔不足**：提拔的人数或位置不够
3. **错误提拔**：提拔的思路和做法错误

发现这3种问题是关键，之后解决问题即可！

图 2-2　企业容易出现的 3 种提拔问题

在 CyberAgent，我经常和领导层以及人事部的同事讨论有关提拔员工的话题，比如：

“这次提拔的人数足够吗？”
“提拔成功了吗？”
“这个人不能再往上提拔了吗？”

曾经有位人事负责人在听了我的话之后反思道：“我从来没有产生过提拔年轻人的想法。”但这位人事负责人能够注意到自己从未提拔过年轻人（不提拔）的事实，已经有了突破性的进步。用一句老话来说：“能够发现问题，问题就解决了一半。”

提拔不足也同样可以用“发现问题”的方式来改善。你可以具体地反思自己的公司或部门、团队是否给了年轻人足够的晋升机会，这个方法很有效。

“我们公司最近一年左右开启了远程办公模式，其间年轻人负责的新项目没有一项被批准成立。”

“我根本想不到要提拔才进公司 2 ～ 3 年的新员工。”

“我从没想过把团队的重要工作交给部门中最年轻的人。”

只要你能够像这样发现自己哪里做得不够到位，接下来只要采取适当的措施有针对性地改善即可。

有些麻烦的是第三个问题——错误提拔。

“我们公司一直积极地任用年轻人，但业绩一点也没有增长。”

“让年轻人提创意，但他们提出的方案都是纸上谈兵，没有实操性。”

“我们公司专门开展了面向新人的项目，但由于年轻员工太被动导致进度缓慢，到头来还得安排一名 30 多岁的老员工担任项目领导。我不知道提拔年轻人有什么意义。”

“我们从年轻人中招募领导，却没有人自荐。”

我经常从企业的人事负责人那里听到如上烦恼和不满。如果你也有同样的困惑，那么无须担心，因为提拔有相应的程序。会出现以上情况，是因为管理者提拔时跳过了某些程序，造成年轻人无法行动或不想行动，这就是管理者的错误提拔。

“因为没有让员工 A 清楚表明自己的意愿，所以提拔的效果不好。”

“员工 B 的提案没有得到领导的批准，因此他很难开展下一步行动。”

如上所述，几乎所有的错误提拔都是由于没让员工清楚地表明自己的意愿或者没给员工行动的权限，导致提拔未能达到应有的效果。

要改善错误提拔的问题，管理者可参照表 2-1 所示的团队成员提拔情况表，梳理自己公司或团队成员的提拔履历（第 2 ～ 4 行为示例）。通过将团队成员每一次被提拔的经历列入一张表格，管理者不仅可以直观地看到提拔次数，还能清晰地看到公司存在的不提拔和提拔不足的问题。此外，这张表还可以帮助管理者确认员工自荐和领导批准的情况，并由此判断提拔是否成功。

表 2-1　团队成员提拔情况表

成员	履历	提拔内容或可提拔的方向	期限（到何时为止）	反思
员工 A	入职第 2 年	独立签约新客户	2021 年 1 月	因为 A 资历尚浅，所以并未将工作交给他
员工 B	入职第 5 年	制作面向新客户的提案模板	2021 年 1 月	将该任务变更为团队项目后，想任命他为领导
员工 C	派遣员工	更新本公司商品列表	2021 年 1 月	该员工反应迅速，主动提议召开会议查验更新的问题点。可以继续提拔
员工 D				
员工 E				
员工 F				
员工 G				
员工 H				

提拔就是寄予期待

“最近你提拔下属了吗?”当被问到这个问题时，几乎所有的管理者都会回答:“啊?提拔下属吗?没有啊……”说起“提拔”这个词，很多人都会有以下印象:

- 由人事部门负责的晋升和升级等“岗位变动”。
- 指定某人为领导、任命某下属重要职务的“权力下放”。
- 调动某人到新业务部门等，进行大胆的“人员调配”。

的确，这些是狭义的提拔。但说实话，狭义的提拔不是谁都能做到的。进行上述提拔需要一定程度的权限，所以很多管理者都会说自己最近没有提拔下属，这也可以理解。

但是，现在我们要换一种思维方式：本书所讲的“提拔”不仅局限于职务的变动，其本质是寄予期待。此时再回到刚才的问题:“最近你提拔下属了吗?你对谁寄予期待了吗?”我想你的回答可能会有变化。

我认为，不管是多么小的团队，只要这个团队中存在“被期待感”，那么团队里的每一个人都会斗志昂扬、充满活力。我相信这并不难想象：

> “我很看好你。”
>
> “我觉得某某应该能做到，所以我想把这个任务交给他。”
>
> “这份工作就拜托你了，期待你的表现。”

成员之间彼此寄予期待，在这样的团队中，个体更有可能得到成长。反之，**即使一个团队中的所有成员都很优秀，如果没有“被期待感”，整个团队就会停滞不前，个人的成长也很可能会就此止步。**

所以，提拔的本质就是寄予期待。这里的期待不一定是完全正确和确信的，因为我们相信的是对方的潜能。从这个意义上来说，企业录用应届毕业生也是一种提拔。毕竟应届毕业生还没有社会经验，今后会有何表现也是未知数，所以企业会通过预测毕业生未来的发展潜能来决定是否录用他们。可以说，提拔其实是对未来的投资。

很多企业的管理者和人事负责人都有如下烦恼：

> “我们公司目前没有优秀的人才。”
>
> “要解决这个难题，只能靠老员工想办法了。”

上述说法是只基于员工过去的成绩和现在的能力产生的。从现实的角度出发，管理者确实会认为不任用年轻人是稳妥的选项。

“因为年轻人没有工作经验，他们现在的能力不足以胜任……”管理者可以列举出很多不任用年轻人的理由。但是，提拔终究是指向未来的，是对一个人的潜能寄予期待。

换句话说，期待就是对可能性寄予期待。**若管理者的目光局限于现有的人才和现有能力的总和，企业的能力就永远无法在此之上。**因为将二者简单相加是无法发挥人才的潜能的，也无法实现企业的飞跃性成长（见图 2-3）。

1. 提拔是指向未来的
2. 提拔是乘法思维
3. 成员之间彼此寄予期待，在这样的团队中，个体会自发地成长

对可能性寄予期待＝提拔

仅从现实的角度考虑，即使用加法思维，年轻人是不会实现飞跃性成长的！

图 2-3　提拔就是寄予期待

而与将能力简单相加不同，期待则是将企业现有的人才和现有的能力相乘。如果企业里没有优秀的人才，或者曾经被评价为优秀的人才如今的发展并不理想，这时你就要反思自己有没有对企业、团队、成员寄予期待，或是你对他们期待是否不足。

总之，管理者先要对年轻人寄予期待。由此，才算是正式启动了让年轻人自主成长的自驱循环。

被寄予期待的人会更迅速地成长

有人说，即便自己理解了提拔是让年轻人自主成长的第一步，但“提拔”一词本身带有的分量还是会令他胆怯，毕竟，提拔对管理者而言也是一种需要勇气的行为。

对此，我想再强调一遍，本书所指的提拔就是寄予期待，并不一定涉及具体职务变动。而寄予期待具有你意想不到的作用，虽说随着工作经验的累积，大部分人都会自然而然地取得进步，但是，被寄予期待的人会更迅速地成长，取得更显著的进步。

相信你也有过这样的经历：当你凭直觉认为某个人未来可期、有发展空间，从而把某项工作交给他时，这个人的成长和取得的成就往往会超出预期，这就是提拔。普通员工被提拔为项目负责人就是一个很容易理解的被寄予期待的例子，因为普通员工没有任何管理经验，领导决定提拔他正是基于对该员工的期待。

我经常听一些企业的管理者说：“我试着让年轻人做负责人，结果收获了意想不到的成功。”

让年轻人当项目负责人，结果工作出乎意料地顺利。不仅如此，团队成员的干劲也都提高了，这对团队整体都产生了积极的影响。这样的例子不胜枚举。

管理者要养成积极提拔年轻人的习惯，当管理者将“提拔年轻人会取得超出预期的成效”视作理所当然，并坚持实行时，企业就会变得更强大。

下面我要举一个具体的例子。冈本保朗是CyberAgent的现任副社长，他于CyberAgent成立的第二年以应届毕业生的身份进入公司，也是公司招收的第一批新员工之一。冈本最开始被分配到了广告销售部，据他本人说：“当时自己很难有所进步。”那时，尽管现实没有达到他的预期，但他仍然坚持不懈地努力。

某一年，社长藤田晋断定与搜索引擎有关的市场部门较有发展前景，于是成立了分公司，并提拔冈本为分公司的社长。以分公司的成立和由此带来的提拔为契机，冈本的能力得到了迅速提升。冈本得到提拔后，不仅在个人事业上取得了成功，还培养出了一支优秀的团队，提高了公司的整体效益。

冈本原本只是一名销售人员，却突然被提拔为管理者，并取得了出乎意料的成功。通过社长藤田晋成立分公司以及其用人的事例，我也学到了提高公司整体效益的方法。顺带一提，在 2020 年 10 月公司董事体制变更时，冈本被提拔为总公司的副社长之一。

由以上事例，我们可以得出如下结论：**人会因为被期待而快速成长，企业也会因为被期待而快速成长。**

不提拔是一种风险

如前文所说，提拔年轻人可能会给企业带来惊人的收益。话虽如此，很多企业的领导还是对此踌躇不前，因为他们认为提拔年轻人的风险太高。“提拔后，要是年轻人的表现不及预期怎么办?”我承认，提拔年轻人有时会面临效果不及预期的风险，但是，年轻人快速成长可谓是巨大的收益，这种高收益自然意味着高风险。

有人认为提拔的风险在于被提拔者离开后，工作和团队会蒙受损失，但此类问题在大多数情况下都能得到解决，有的团队甚至会因此变得更好。

我自己也是被社长藤田晋从销售部提拔到人事部的。某天他突然对我说："为了进一步强化公司的人事管理，我希望你能来负责人事部的工作。"于是，我离开了销售部，在人事部工作直到现在。当时我很担心自己的离开会影响到销售部，但事实上，我离开后，销售部的业绩反而提高了。

反过来说，不提拔在某种程度上反而意味着更大的风险。

不少大型企业出现了年轻人才流失的现象，很多优秀的年轻员工入职一两年就辞职了。优秀的年轻人知道如何促进自身成长、提高工作表现，然而，如果觉得自己并不被领导看好，公司的环境对自身成长无益，或是意识到只要上级没有职位空缺，无论自己技能和业绩再怎么提高，也没有晋升的可能，年轻人就会觉得自己前途渺茫，感到压抑，很快就会离开这家公司。

对渴望快速成长的优秀的年轻人来说，"得不到提拔"

可能会成为他们辞职的直接原因。这可以证明，不提拔有导致人才流失的风险。

退一步说，在不提拔的环境中，那些优秀的年轻人即使不辞职，也会在环境的影响下慢慢变得消极被动，不再追求进步，甚至整个团队的士气和效益也会受到影响。无论是哪一种结果，对个人和企业来说都是不幸之事。

优秀的年轻人对企业和管理者的重要性不言而喻。**不仅是为了培养人才，哪怕是为了防止优秀的人才流失，我们都必须提拔年轻人。**

优秀人才流失、年轻人成长速度缓慢、人力资源不足、企业发展停滞不前……这些都是不提拔年轻人可能导致的风险。要知道，不改变现状就意味着零回报。

从长远来看，人才流失和企业发展停滞带来的只有风险。如图 2-4 所示，**不提拔可以说是高风险、无收益（或几乎没有收益）的行为。**

社长藤田晋经常对公司员工说："我希望你们不要漏提

拔任何一名人才。”在 CyberAgent，提拔已经成为司空见惯的事情，我们会从所有人都应该得到提拔的角度来看待员工。因此，社长藤田晋才会自然地说出“漏提拔”这个词。

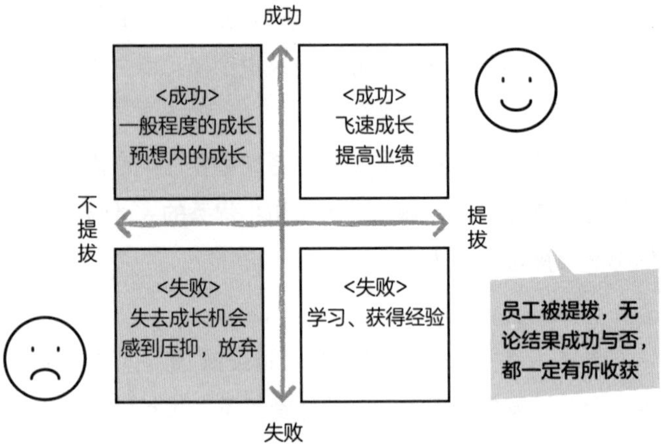

图 2-4　不提拔是一种风险

期待是零成本的

提拔年轻人是一种对未来的投资，而这种投资几乎是

零成本的。因为对年轻人寄予期待几乎无需任何成本，且无论是谁都能做到。

此外，提拔年轻人不需要明确的依据，毕竟年轻人没有工作业绩和经验，这两项都不能作为依据。这意味着，领导要相信年轻人具有发展潜能，对年轻人抱有期待，并要适时地在背后推他们一把。说得极端一些，即使是表演，领导也要充分地向年轻人传达“我很看好你，想把这份工作托付给你”的决心，这一点至关重要。

无论领导是出于什么理由提拔年轻人，对被提拔者来说，提拔的效果都是积极的。提拔的积极效果对于老员工也同样显著。CyberAgent 有很多年轻的管理者，他们拥有不少“年长的下属”。擅长管理的管理者会不断提拔年长的下属，并经常向他们寻求帮助，让老员工也觉得团队需要自己，这么做可以成功地调动团队所有成员的力量。

在面谈中，很多老员工都向我反馈：“其实我很高兴能够得到管理者的期待和鼓励。”他们作为被依赖的一方，当自己被寄予厚望时，内心会感到喜悦，这是毋庸置疑的。

相信你有过这样的经历，领导让你负责一项你从未做过的工作，并对你说："没关系，有什么问题随时和我商量，你一定能做到。"我想没有人会对此感到不快。不管是年轻员工还是老员工，来自别人的期待都会成为他们的力量源泉。

正如我在第1章所说的，心理安全感是一个团队的基础。管理者通过对员工寄予期待的方式提拔员工，相信员工未来的成长，本质上是强化了员工的心理安全感。

"你还能进步。"
"我觉得你能做到，所以想拜托你。"

管理者像这样在平时对员工寄予期待，帮助员工树立自信，员工就能积极地自荐，主动表明"我想做这份工作"的意愿。

我准备了一份"员工潜能检查表"供你参考（见表2-2，第2～3行为示例），希望能够帮助你更好地发掘部门或团队员工的职业潜能。请注意，不是一个一个地培养，而是将团队作为一个整体来培养，你会发现团队拥有无限的提拔潜能。

表 2-2　员工潜能检查表

成员	履历	目前想提高的能力	需要借助谁的力量？
员工 A	入职第 2 年	一个人完成销售的一系列工作（独立）	需要老员工 B 的协助，让 A 在 B 的引导下独立完成工作
员工 B	入职第 5 年	领导力	担任 A 的导师
员工 C			
员工 D			
员工 E			
员工 F			
员工 G			

用正确的方法提拔

在第 1 章，我向大家介绍了让年轻人自主成长的机制，该机制的基本原则是“让他说，让他做”。但实际上，管理者仅仅遵循这条原则，还不能够实现完美的提拔。在“让他说，让他做”之前，还有一个重要的步骤，那就是我在前文强调的对年轻人寄予期待。

提拔要遵循以下基本步骤：向年轻人表达期待、鼓励年轻人自荐、领导批准。包含这 3 个步骤的方法才是正确的提拔方法。简言之，就是“期待—自荐—批准”。这就是提拔式育人术的 3 个步骤（见图 2-5）。

表达期待、鼓励自荐、予以批准

①**表达期待**：向年轻人传达“我看好你，期待你的表现”。
②**鼓励自荐**：年轻人主动表明意愿：“我想做这项工作！”
③**予以批准**：“好的，就交给你了！”为年轻人提供支持。

图 2-5　提拔式育人术的 3 个步骤

自荐和批准这两点比较容易理解，但我希望你一定要牢牢记住期待，并努力地将其转变为自己的一种习惯性思维。事实上，期待是使年轻人快速成长的重要因素，但很多人对它抱有误解，我想在下面对其进行详细的说明。

首先，如果管理者只是在自己的心里隐约对某名员工抱有期待，却没有明确地让该员工知道这种期待，那就不能算是提拔。

比如，很多企业的人事负责人都表示“我们公司在积极地任用年轻人”。但在这些企业工作的年轻人并不认为自己受到了重用。管理者有提拔的意愿，而被提拔的一方却没有接收到相应的信号，这是非常可惜的。

其次，有些领导会强迫年轻人做他们不愿意做的事情，这也不是提拔，而只是单纯的命令（见图 2-6）。

那么，管理者要如何进行正确的提拔呢?将“员工自荐一领导批准”的过程明确化，才是正确的提拔。

例如，如果你想提拔员工 A 为某个项目的负责人，就不要突然把任务推给 A，而是要先向 A 表达自己对他的期待，等到 A 自己表明“我想做这个项目”时，再回答“我明白了，那就交给你了”，以全权委托的形式完成一次提拔。

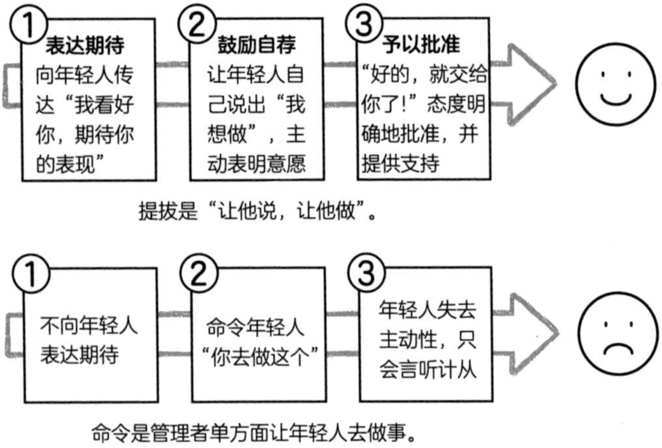

图 2-6　提拔不同于命令

归根结底，以上 3 个步骤的本质就是为了让年轻人做自己想做的事。我们常说要提高年轻人的参与感，其实最好的做法就是在年轻人表明意愿之后，将任务全权托付给年轻人。

如果管理者不严格遵循以上 3 个步骤，责任归属和任务的目的就会变得模糊，极易让年轻人认为“这个任务是领导强迫我做的”，也会让领导觉得年轻人太被动等，从而产生各种问题。

若管理者只向年轻人传达“我看好你”，也会导致年轻人变得被动。如果想提高年轻人的独立性，就要在表达期待的同时，鼓励和引导年轻人自荐，也就是严格遵循前两个步骤。

前两步如此重要的原因是，当年轻人主动说出“我想做这份工作”后，其大脑对这件事的印象会加深，“自己宣布”的事实（记忆）就会催生出“对工作负责”的意识。由于年轻人要对自己的表态负责，本人的干劲和韧性就会得到激发，如此一来，年轻人认真地完成工作或项目的可能性就会提高。

此外，为了使提拔的过程更加透明和清晰，第三步批准也很重要。年轻人自告奋勇地承担工作，并不是其本人自以为是或者任性为之，而是得到领导批准的，这一点必须明确。

一旦同意授权给年轻人，领导就要对授权负责，得到授权的年轻人也会更容易获得周围人的支持。最重要的是，主动表明意愿的年轻人可以心无旁骛地面对挑战，竭尽全力地完成任务（见图 2-7）。

表达期待、鼓励自荐、予以批准

①**表达期待**：向年轻人传达“我看好你，期待你的表现”。
②**鼓励自荐**：年轻人主动表明意愿：“我想做这项工作！”
③**予以批准**：“好的，就交给你了！”为年轻人提供支持。

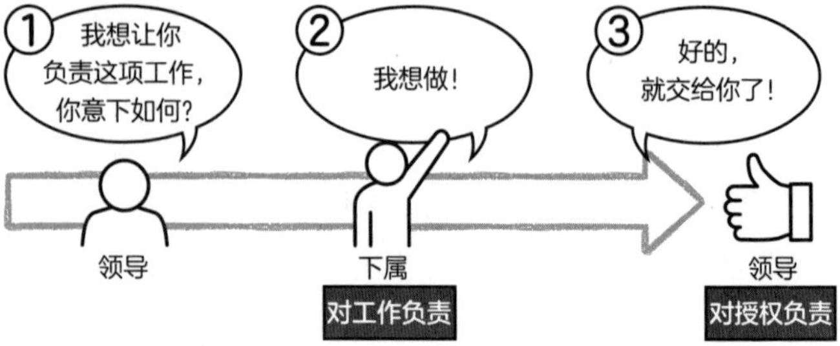

图 2-7 “对工作负责”与“对授权负责”相结合

经过以上解说，你可能会觉得提拔是一个很麻烦的过程，但你要牢记一点，若不主动承担责任，任何人都不会得到成长。

换句话说，提拔的 3 个步骤也是主动承担责任的步骤，所以这 3 个步骤缺一不可。

当被提拔的一方意识到自告奋勇会得到领导和公司的认可时，自驱循环就会开始运转。

避免年轻人陷入提拔误区

在提拔员工时，有一点值得管理者关注，那就是注意被提拔者是否会因此产生过高的自我评价。比如员工 A 因为得到提拔就得意忘形，逢人便说“我被提拔了”“因为我很优秀才被领导看中”，等等。一般来说，入职 3 年左右的年轻人比较容易陷入此类提拔误区。

员工的自我评价因人而异，有些人觉得只有自己是精英，其他同期的同事都是废物，这种想法不仅会影响其自身，还会对团队的氛围造成负面影响。在这种情况下，如果领导提拔了 A，其他员工就会认为提拔 A 的领导 B 存在问题，进而对领导失去信任。

为了避免此类情形，领导者在决定提拔年轻人的时候，首先要告诉员工“你即将成为责任人，所以务必注意自己的言行举止”“希望你成为周围人的榜样，要做到谦虚谨慎”，等等。总之，领导者要明确地告诉被提拔者不要骄傲自满，这是非常重要的。

特别是对于容易得意忘形的年轻人，领导者在表达了对他们的期待并提拔他们以后，除了传达刚才的话，还要进一步询问他们：“你觉得应该怎么做才能得到周围人的信任？”诸如此类。只要年轻人主动说出“作为责任人，为了得到周围人的信任，我要时刻保持谦虚”就没有问题了。

相反，对于信心不足，认为自己不可能当领导的年轻人，领导在提拔时要告诉他们“以平常自然的态度面对即可，你现在就很好”，以此让他们感到安心。

引导年轻人自荐

过去，日本企业奉行下属对领导的绝对服从，对于领导“什么也别问，就按我说的做”的指令，下属不能提出质疑，必须唯命是从。然而现在的情况不同了。为了最大程度地提高年轻员工的主动性，激发他们的潜力，我们必须引导年轻人自荐，给他们大显身手的舞台。

对年轻人而言，主动并放心地说出“我想做这份工作”是需要勇气的。为了引导年轻人成功迈出这一步，让年轻人积极主动地投入工作，发挥自身优势，实现自主成长，管理者必须做到以下 3 点，即牢记提拔过程中不可或缺的 3 个要素（见图 2-8）。

- 为工作赋予意义：让年轻人意识到工作的意义和价值。
- 讲究提拔措辞：告诉年轻人“我看好你”，好的措辞会事半功倍。
- 积累信任余额：降低年轻人的试错成本，让年轻人意识到自荐之后就算失败也没关系。

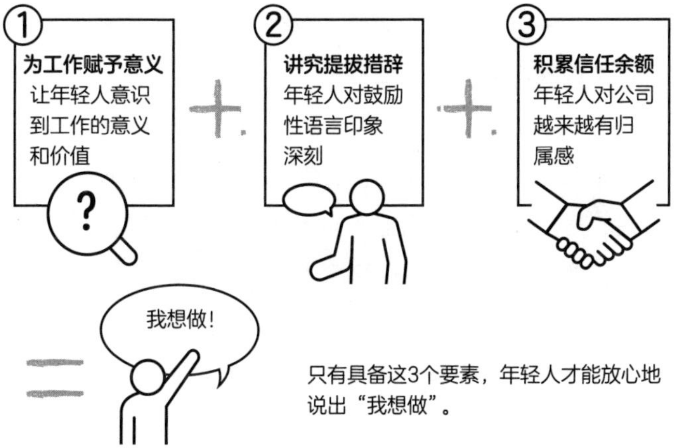

图 2-8　引导年轻人主动说出“我想做”的 3 个要素

找到意义，工作才会有动力

在日本企业传统的终身雇佣制、年功序列工资制[①]制度下，下属之所以对领导言听计从，是因为员工的工资和职务等级完全由在企业的工龄决定，工龄越长，工资和等级越高，在同一家公司工作到退休便能领到丰厚的退休金。

但正如我在前文提到的那样，过去日本企业所奉行的“绝对服从”已经不再适用于当前的职场环境了。对此，一定会有一些老一辈的领导心存疑问：“领导不下达命令，年轻人真的会主动行动吗？”

诚然，在经济高速增长的年代，个人发展前景也一片大好。员工没必要追问工作的意义，因为只要按部就班地工作，就能稳步晋升。这是尽人皆知的事实。

但是，如今的时代变了。跳槽和自由职业盛行，年轻

---

① 指日本企业按职工年龄、企业工龄、学历等条件，逐年给职工增加工资的一种工资制。——编者注

人开始追问自身的存在意义，常常问自己："我为什么要留在这家公司？"因此，领导有必要向员工说明每一项工作的意义。除此之外，工作的价值、公司的目标方向等，领导都需要一一传达给员工，如此才能吸引和留住人才，而这在终身雇佣的年代是根本无法想象的。

常有人说"在初创企业工作的年轻人能够更快速地成长""在初创企业工作的年轻人更主动"，这是为什么呢？因为初创企业正处于急速发展的过程，拥有开拓新市场等明确的组织目标。

此外，在那里工作的年轻人能和高层密切接触，互通想法，每天都会一起讨论工作。他们会经历大量的提拔，反复进行决策，也会遭遇失败，然后从失败中学习。在这样的环境中，年轻人的目标会变得非常清晰，他们明白自己为何努力，因此更能感受到自身的成长，实际也会更迅速地成长起来。

然而，这些年轻人的成长并不能完全归功于初创企业。是因为他们每天都被提拔，每天都处在自驱循环之中，才能迅速成长。而事实上，所有企业都能为年轻人提供这样的机会。

综上所述，现在的年轻人绝对不是没有动力。只要年轻人理解并接受了工作的意义与价值，就会积极地投入工作。所以，为工作赋予意义是实现这一目标的要素之一。

敢于自荐的年轻人更容易找到工作的意义

我已在前文强调过，管理者在提拔年轻人时，为工作赋予意义是很重要的。而敢于自荐的年轻人大部分都能够自己找到工作的意义。

例如，年轻员工A主动申请担任某个项目的领导。“进入公司第二年，我已经对自己的业务有了一定程度的掌握，虽然不知道自己能否胜任领导职务，但我还是想担任项目领导积累经验，以取得进一步成长。”

从A自荐的话语中可以看出，A知道自己为什么要担任项目领导，以及这份工作给自己带来的好处（价值），即 A 为项目领导的工作赋予了意义，这使其能够下定决心争取这个职务。

想明白下面这一点对年轻人来说极为关键，那就是：**虽然不知道自己能否胜任，但如果去挑战，就有机会得到回报。**

相反，与 A 同期的年轻员工 B 却没有自荐的勇气。“我做不了项目负责人，一定不行……” 像 B 这样，一旦消极的情绪在脑海中挥之不去，就无法思考自己为什么要做这份工作，也找不到挑战这份工作的意义。

不管在什么组织，大部分年轻人的反应可能都与 B 相同。不是所有人在任何时候都能像 A 这样明确自己的目标并勇于挑战，特别是经验尚浅的年轻人。

因此，**管理者和领导者必须替年轻人为工作赋予意义，或者协助年轻人为工作赋予意义。**

图 2-9 就是一个很好的示例，可供管理者参考。

例：想让某某负责会议记录的工作

- **为什么这项工作是必要的?**

为了使会议中出现的问题和决定事项等相关信息得到共享

- **对年轻人有什么好处?**

通过记录，可以了解谁在什么立场上参与了工作，以此把握项目的全貌和进展

- **对组织和团队有什么好处?**

使忙碌的领导的部分工作得到分担，并让领导从年轻人那里得到关于项目的改善意见

年轻人认识到工作的意义，就会把工作视作自己的分内之事，全身心投入。

图 2-9　为工作赋予意义的示例

惭愧地说，在刚步入社会的第一年，我也有一段时间没有认清自己工作的意义。那时，当领导对我说“曾山，就麻烦你来组织聚会”时，说实话，我觉得很麻烦。

“为什么要我做这种和工作无关的事情呢?我又不是为了当聚会的负责人才进这家公司的。领导让我做这种无关紧要的事，难道是觉得我很无能吗?”在当时，我一直认为聚会的负责人不过是打杂而已，自己被指派的工作毫无意义。

但是，从提拔的角度来说，组织聚会也是一种提拔。从调整日程到决定地点，我需要考虑很多细节，领导让我负责是在给我锻炼的机会。即便我一开始未能理解这份工作的意义，但后来也有了很多收获，其中最大的收获是让前辈们记住了我的名字。

中途我才意识到聚会负责人这一角色的重要性，但如果从一开始就意识到这一点，我就能更顺利、更积极地做好负责人，也会给前辈们留下更好的印象。由此可见，是否为工作赋予意义，会在很大程度上影响最后的结果。

如前所述，很少有人能从一开始就正确地理解自己工作的意义。想必很多人都有过这种想法："我不是为了做……事才来到这里的。"特别是被指定为聚会负责人的情况，在这种情况下，年轻人往往不会觉得自己是被提拔了，很容易埋怨领导，甚至消极怠工。

因此，领导者应该主动告知年轻人其工作的意义，认真履行提拔的程序。

比如，你可以这样向年轻人解释："聚会是凝聚团队的重要工作。”“做好了这份工作，周围的人对你的看法就会改变。”“你刚进公司，这是让大家记住你的好机会。”然后你可以询问年轻人的意愿：“我觉得，在大家的帮助下，现在的你一定能做到，怎么样，要不要试试看？”

“好，我试试看。”年轻人很可能会给出肯定的答复。也许你会觉得绕了一个大圈子才达到目的，未免过于麻烦。但经历了这个过程，你一定会发现不可思议的转变——年轻人会把工作当成自己的分内之事认真完成。

所以，为了切实实现工作成果，并让年轻人自主成长，管理者一定要明确地向年轻人传达工作的意义。

提拔措辞胜过事实

以下两句话都是领导提拔员工时的开场白。如果是你，你更希望听到领导 A 的话还是领导 B 的话呢？

领导 A：“山崎要辞职了，他的位置空了出来。这项工作很简单，谁都能胜任，你愿不愿意来填补空缺？”

领导 B：“我一直觉得只有你才适合这个岗位。这个岗位的上升空间很大，工作也很有趣，希望你好好考虑。”

领导 A 的措辞如何呢?说实话，我觉得不太好。因为他的话里暗示着：随便是谁都可以坐上这个位置。他说的有可能是事实，但这可能会让被提拔的员工觉得自己的能力没有得到认可。

那么，领导 B 的措辞又如何呢?恐怕只有少数警戒心强的员工会怀疑“领导有点抬高自己了，是不是在说客套话”。我想大部分人都不会感到不悦，尤其是在这个岗位确实谁都可以胜任，而只有自己受到领导青睐的情况下。

在提拔之前加入开场白，相当于打开对方自驱循环的开关，也就是让被提拔者对该岗位产生兴趣。所以，虽然领导 A 的措辞比较真实，但被提拔者更乐意接受的，毫无疑问，是领导 B 的措辞。

在提拔中，提拔措辞胜过事实。对被提拔的一方来说，恰当的措辞无疑会带来积极的影响。

在提拔时，最重要的是用简短有力的语言打动对方。重点是令人印象深刻，甚至达到使被提拔者能够一字不漏地复述对话的地步。

很多人至今都清楚地记得多年前领导提拔自己时说过的话。即便说的人自己已经忘得一干二净，被提拔的人还是会对当时的情景记忆犹新，他们会激动地向家人、朋友复述那些话。还有人在面谈中对我说："那是我人生的转折点。"

CyberAgent 的社长藤田晋曾在接受杂志采访时，就语言的力量发表了自己的见解：

> 我认为"铭刻在心的话语"，是即使不能让人一字一句地记住，也会在某个时候突然在脑海中浮现的话。这些"铭刻在心的话语"往往会成为我判断和行动的标准。无论是对自己，还是对他人，语言的力量都非常强大……有时用精彩的

发言激励团队，比所有人不眠不休地工作一个月效果更好。虽然很多人都知道语言的重要性，但我还是觉得大家的重视程度不够。（摘自《日经商业联盟》2015 年 10 月）

他所说的“铭刻在心的话语”就是提拔措辞。

提拔措辞非常重要，一句话，往往能决定年轻人能否打开自驱循环的开关。

下面让我来谈谈我自身的难忘经历吧。在我担任销售部部长的时候，有一天我突然被提拔为人事部门的高层。当时藤田晋社长对我说：“为了进一步强化公司的人事管理，我决定设立人事部。（为工作赋予目的）我想让曾山你来当人事部部长，你觉得怎么样？（表达期待）”

听到他的这句话，我立刻回答：“请务必让我来做！（表明意愿）。”

话虽如此，我还是不免担忧自己离开后销售部的处境，也如实向他表明了担忧：“我担心自己调离会对销售部造成影响。”

对此，他回答道：“是有点冒险，但我还是希望你能来帮我加强人事管理。”这句话我至今记忆犹新。

造成被提拔者不安的并不是未知领域的挑战，恰恰相反，新的挑战总是会令人兴奋。我的不安源于不能不负责任地丢下当时手上的工作。对此，藤田晋社长表示理解，但还是对我寄予了更高的期待：“我希望你做得更好。”正是这样的期待在背后推动了我。

就这样，他提拔我时说的这句话，成了我职业生涯的转折点。

此外，提拔措辞要关注的不只是内容，传达的时机也很重要。擅长提拔的领导者，也会注意选择和员工谈话的场合和时机。

“我有些话想跟你说，一起去吃午饭吧？”
“一起在休息室喝杯茶怎么样？”
“在线会议结束后，要不要继续聊几句？”

像这样擅长选择两个人可以冷静交谈的场所和时机，并能引起对方的共鸣的领导者，就可以称得上是提拔的高手了。话虽如此，也没必要刻意为之，让员工感受到你的用心足矣。

提拔措辞的三要素

通过前文的阐述，相信你已经知晓了提拔措辞的重要性。那么，管理者具体应该如何构思提拔员工时的措辞呢？我在下面列举了一些从公司内部听到的优秀的措辞案例，供管理者参考。

所有被提拔的员工，无一例外都清楚地记得自己被提拔时领导所说的话：

“我很看好你，所以提拔你为经理，希望你能带领团队继续前进。”

“这是本公司重点关注的领域，我想让你来负责。”

“你要不要考虑去新成立的分公司当董事？”

“从现在开始，一切都取决于你的决策。”

“观察市场，思考如何规划整个事业部的发展。”

“就以成为行业领军人为目标，加油吧！”

“我觉得你可以早点积累管理的经验，所以任命你当经理。”

“虽然你现在的能力和其他干部相比还有一定的差距，工作可能会辛苦一些，但是要加油。我相信你的潜力。”

如上所述，每一句话都很简洁明了。

此外，这些提拔措辞中还包含以下三要素之一（见图2-10）。

也许有人会想，我只是向下属交办一件小事，或者在定期调动时说一句客套话而已，有必要这么讲究措辞吗？倘若是昭和时代的领导，此时一定会脱口而出“完全不至于吧”“根本没必要在意措辞，所有人都懂”之类的话。

1. 明确地表达期待
“我想把……工作交给你，期待你的表现。”

2. 强调责任之重，间接表达期待
“一旦成功，这个项目将成为我们未来的一大收益来源。”

3. 提出更高的目标，指出员工需要努力的具体方向
“希望3年后你能将它发展成100亿日元的事业。”

通过观察员工的工作表现发表鼓励性言语，三要素具备其一即可。

图 2-10　提拔措辞的三要素

但事实上，措辞真的很重要，反过来说，有时领导无心的一句话，也可能会对员工造成伤害。如果员工对领导失去信任，不仅会失去工作的干劲，甚至还会觉得在这样的公司没有未来，不如趁早放弃，于是考虑辞职。而导致这种结果的，可能仅仅是领导的一句无心之言。

如果你是管理者，你对下属说的一句话，是会打开其快速成长的开关，还是会导致人才流失的结果？

不要小看一句话，一句话的力量也不容小觑。正因为如此，我希望所有管理者都能认真地考虑自己的提拔措辞。

如表 2-3 所示（第二行为示例），赶快构思你的提拔措辞，提前为提拔部门或团队成员做好准备吧！

表 2-3 提拔措辞表

提拔谁？（位置或年数）	提拔内容	提拔措辞和预设反应
曾山哲人（被社长藤田晋提拔）	提拔为人事总部部长	为了进一步强化公司的人事管理，我决定设立人事总部。我想让曾山你来当人事总部部长，你觉得怎么样？

持续积累信任余额

我们在前文着重探讨了提拔措辞的重要性。但提拔措辞有一个局限，那就是当领导和下属之间缺乏信任时，其效果会大大减弱。假如领导和下属之间只有机械性的业务交流，那么刚才提到的提拔措辞可能就都行不通了。

仅凭提拔措辞让员工对工作产生兴趣，并不是那么简单的事。例如，一些企业或部门会为了让员工高兴而举办生日惊喜派对，但值得注意的是，这是建立在信任关系的基础上的。也就是说，能否将惊喜表现得自然，取决于领导与下属之间的信任关系。那么，我们对此应该如何评估呢?假如信任可以被量化，我们可以将迄今为止领导与下属之间信任的总量称为信任余额。

进一步说，领导者要如何增加和下属之间的信任余额呢？首先要做的就是表扬。

其实很简单，我在第 1 章中也说过，所谓表扬，就是认可对方。站在员工的角度，表扬可以让他们觉得领导在关注着我，这是关键。因为如果平时不去观察每一个下属，是很难做到恰如其分地进行表扬的，换句话说，不恰当的表扬很可能会起到反效果。所以，领导者要养成发现员工的优点并当场表扬的习惯，毕竟没有人会讨厌被表扬。而得到表扬后，员工会在不知不觉中对认可自己的人产生信赖感。

反过来，如果领导者总是保持沉默，信任余额就会下降。建议各位领导者平时多观察自己的下属，记住他们值得表扬的地方。

其次，重要的不只是当面、直接的表扬，间接表扬也很重要。员工得到领导的直接表扬固然高兴，但有人偶尔也会怀疑领导说的是不是真心话。倘若从第三个人那里得知领导表扬了自己，员工会更有真实感，会打从心底觉得领导真的认可了自己。

最后，领导者在和下属建立起信任关系之后，还是要时不时地对下属进行表扬。这样一来，下属对领导的信任感就会增强。

一开始你可能不太擅长表扬，但即使夸得生硬，也要坚持下去。不用担心，因为下属会把这种笨拙当成领导的关爱，认为“领导这么做一定是用心良苦”“他一直在关注着我”。

为了在职场中营造出让员工主动说出“我想做”的氛围，领导者一定要养成日常表扬的习惯，并且把表扬下属的过程记录下来，包括直接表扬、间接表扬以及今后的计划（见表 2-4，第二至四行为示例）。

表 2-4　部门表扬记录表

序号	时间	人物	如何表扬或计划如何表扬	直接或间接
1	2021 年 11 月	员工 A（入职2年）	工作遇到困难时主动找我商量	直接对本人说："谢谢你鼓起勇气来找我商量。"
2	2021 年 11 月	员工 B（入职4年）	严格遵守截止日期，不会忘记时间节点	间接表扬：向 B 的后辈 A 表扬 B 的优点，建议 A 向 B 学习
3	2021 年 11 月	员工 C（入职1年）	在报告书中写下了自己的见解和提案	直接对 C 提出表扬，同时转告 C 的导师 D

表扬的 3 个切入点

我经常接到来自管理者的咨询，他们会问"我不擅长表扬别人”“我不知道应该怎么具体地表扬员工”之类的问题。这样的情况该怎么办呢?我总结了一些技巧。

要想掌握表扬员工的技巧，首先应该注意避免错误的表扬方式。记住，不要表扬员工天生具备的条件或能力，例如员工的外表或学历。“长得漂亮”“个子高”“教养好”“东京大学毕业的就是不一样”之类的话，在当今时代，这些话被视作职场的歧视和骚扰也不为过。

那么，具体应该如何表扬呢?你可以试着从以下 3 个切入点来构思（见图 2-11）。也就是说，要根据员工在工作中的表现来思考如何表扬，即对事不对人。

1. 表扬发言
“你在会议上的发言对公司很有建设性。”

2. 表扬行为
“多亏你提前报告，我们很快就修正了错误方向。谢谢。”

3. 表扬想法
“你提出了多个优秀的方案，真是太棒了。”

不要表扬员工天生具备的条件或能力。

图 2-11　表扬的 3 个切入点

这 3 个切入点在批评时也一样有效。例如，员工 A 没在约定时间出现。领导在批评 A 时也不能否定 A 的人格和能力。“你怎么不准时，真不检点”“你真懒惰”“难道你的家人也不守时吗”之类的话都是不行的。批评的基本原则同样是对事不对人。领导正确的批评方法是对 A 迟到的行为进行提醒。

应该按什么顺序提拔谁

我们将对提拔进行更深入的探讨，首先从提拔对象开始。我在前文已经叙述过，不管员工的能力、经验、适应性如何，管理者都应该不断对员工进行提拔。提拔的幅度小一点也没关系，原则上应该全员提拔。那么，应该最先提拔什么样的人才呢？

很多人认为提拔就是不断把工作交给年轻人，培养年轻人。但是，提拔的本质是寄予期待，对年轻人和老员工来说，提拔都是必要的。在介绍提拔顺序之前，先请看图 2-12 的人才四象限图。人才四象限图从员工的意识

(感情)和技能(逻辑)两方面反映了人才目前的状态。

① 高意识 × 高技能 = 优秀员工
② 高意识 × 低技能 = 年轻员工
③ 低意识 × 高技能 = 被动员工
④ 低意识 × 低技能 = 不匹配员工

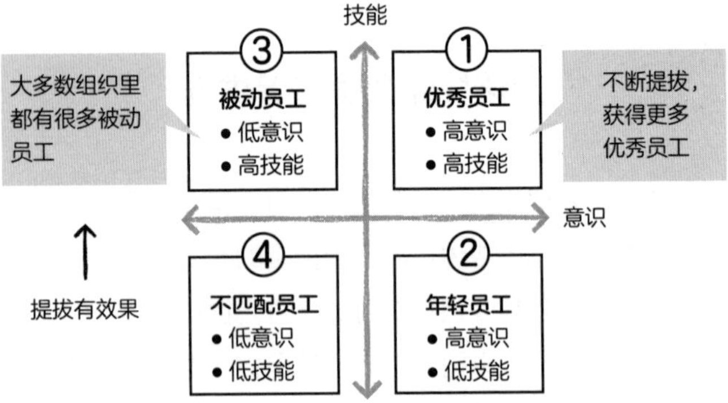

图 2-12　人才四象限图

优秀员工是指工作积极性强的高技能人才。如何最大限度地激发优秀员工的潜能，是企业培养此类人才的重点。

年轻员工是指工作积极性强，但技能尚且不足的人才。工作 1～2 年的年轻员工基本上属于这一类。

不匹配员工主要指工作积极性和专业技能都低的员工。技能可以通过学习得到提高，但如果员工本人没有进取心，不希望成长，那就于事无补。而导致此类员工出现的原因很可能是人岗不匹配。

最让管理者头疼的是第三类被动员工，为人才培养问题烦恼不已的企业或组织大都有很多被动员工。他们明明有能力完成更高质量的任务，却只做低级的日常工作；他们只做领导要求的事，不愿主动承担责任。这些员工被动的原因可能是对工作内容和待遇不满，但究其根源，只有一句话：没有被看好。

被动员工令管理者如此头疼是因为他们对其他成员的影响。你是否发现在自己的部门或团队里，只有被提拔的员工工作积极，其他员工依旧很被动?即使你对所有下属说“按照这个方向坚持做下去，一定能取得成果，大家一起努力吧”，没有被提拔的员工依旧跟不上大家的脚步，不仅如此，他们还会影响其他员工的积极性。

提拔有晋升意愿的员工

基于上文介绍的知识，我认为在提拔员工时应该优先考虑员工本人是否有晋升的意愿。换句话说，**对于有晋升意愿的人，只要对方没有犯下严重的失误，都应该优先予以提拔。**

我在第 1 章强调过，管理者应该引导年轻人主动表明意愿，放手给他们施展的空间。过程如下：当领导提出“我在开发新业务，有谁有意愿承担领队的角色”“接下来有一项任务，谁愿意负责”等问题时，年轻人自告奋勇地说“我想做”，领导再予以批准。自荐和授权是提拔的基本。

也许你会觉得：“什么嘛，这也没什么大不了的。”这两个步骤的确非常简单，但实际上，这样的交流方式在大部分职场中并不常见。事实上，很多组织都存在一个严重的问题，那就是没有仅凭晋升意愿提拔人才。

举个例子，假如一名在大型企业工作的年轻人直截了当地对领导说“请让我来负责这项工作”，那他几乎不可能得到批准。即使领导同意，也是在年轻人有足够的能力和经验的前提下。

CyberAgent 最重视的就是年轻人的晋升意愿。公司的使命宣言提到我们的企业文化是“鼓励年轻人崛起，坚决反对年功序列工资制”。虽然我们的提拔没有极端到任何人想做就能做的程度，但比起其他的提拔理由，我们优先考虑的是年轻人本人的晋升意愿。

晋升意愿为什么如此重要?因为自告奋勇的人和只听领导命令行事的人对工作的觉悟会有很大的不同。想必你也有过这样的经历，一旦自己下定决心要做某件事，就不会轻易放弃。虽然知道自己能力和经验不足，但你还是会尽最大的努力去达到目的。

更确切地说，自告奋勇的人的优点是不会逃避责任，做好工作离不开强烈的责任心。而能承担责任的人，就是有毅力的人。我们也可以这样理解，自告奋勇的人会把工作当成自己的分内之事认真对待，所以他们会一直坚持到工作出成果为止。

我再重复一遍，陷入被动的员工往往有推卸责任的倾向。显然，推卸责任的人是无法成长的。所谓推卸责任，就是把不顺利的事情归咎于周围的环境或他人。在这种状态下，员工不可能实现自驱循环，因为他们即使失败了也不会从中学习。如果不承认失败，也不在此基础上吸取教训，经验就只是单纯的经验，无法转化为经验值，人也就无法实现巨大的成长。

因此，从责任的意义上来说，培养员工的自主性非常重要。如果你所在的职场中有很多被动员工，且你觉得现在还难以提拔他们的话，可以参考第 1 章介绍的方法，让员工用自己的语言表达，鼓励他们从“输入”到“输出”。

提拔有工作成果的员工

继有晋升意愿的员工之后，优先被提拔的第二类员工应是已经做出工作成果的员工，不管何种成果都可以。

许多人以为只有年龄大、经验丰富的老员工才会有工作成果，其实不然。工作成果不一定要是现成的，例如，如果即将入职的新员工在实习期表现优异，就可以优先予以提拔，因为他们是知道取得工作成果的方法的。

取得工作成果，看似简单的一句话，实际却要求员工需具备较强的综合能力和适应性。不过，在提拔有成果的员工时，管理者依旧要遵循表达期待、鼓励自荐、予以批准的步骤。

> “你在……方面表现优异，且有了成果，让你利用这方面的经验来挑战下一项工作，你觉得怎么样？”
>
> “确实很有趣，我想试试。”
>
> “OK，那就拜托了。”

乍一看可能有点绕圈子，但管理者只要在提拔时加上这句开场白作为铺垫，就可以成功地激发员工的责任意识。

提拔入职第二年的员工

在公司里，有一部分年轻人很容易被管理者忽略，那就是进入公司第二年的年轻员工。新员工在入职第一年时工作热情都很高涨，但进入公司两三年后，有些人就会忘记自己的初心。而在很多领导眼中，入职第二年的员工和新人没什么两样，因此，尽管没有恶意，领导总是会把他们排除在提拔的候选人范围之外。

我曾和某部门刚入职两年的年轻员工进行交流，在他们之中，有人在入职第一年就取得了巨大的工作成果。那名年轻人向我咨询："进入公司第二年，我觉得自己的工作积极性有些下降了，请问我该怎么做？"实际上，入职第二年是年轻人最容易出现动力下降和成长钝化的时期，如果在这个时候没能得到提拔，年轻人很可能就会产生被冷落的感觉，甚至直接辞职，所以我建议各位管理者提拔所有入职第二年的员工。

如图 2-13 所示，管理者提拔入职第二年员工的重点是让他们为团队和客户做出贡献。初入职场一年的年轻员工基本上只接触了一些基础性工作，所以这些年轻人接下来需要思考的是，自己能够为同事和客户做出什么贡献，并采取相应的行动。

回到刚才那位找我咨询的年轻人。我让他想想自己可以为团队或客户做出什么贡献，他回答道："如果能通过数据分析给客户带来新的发现，我会很有成就感。"

- **为什么？**
  - 入职第二年是员工积极性急剧下降的时期
  - 相比于职场新人，入职第二年的员工容易被漏提拔
- **应该如何提拔？⟶ 为他人做出贡献**
  - 培训新人，担任新人的导师或培训师
  - 协助团队成员，为团队的工作做出贡献
  - 为客户做出贡献

提拔入职第二年员工的重点是让他们为团队和客户做出贡献。

图 2-13　提拔入职第二年的员工

我又问他："如果你擅长数据分析，那么你愿意将接下来的工作重心放在用数据分析为团队和客户做出贡献吗？"他回答道："这会令我很兴奋。"他本人表示希望通过数据分析为团队和客户做出贡献，其目标已经很明确了。

一个月后，我又遇见了那名年轻人，于是我马上询问他的情况。"自从我意识到自己可以通过数据分析为团队和客户做出贡献，我就有了努力的方向，心态自然而然就恢复积极了。"他的表情十分明朗，仿佛找回了自信，我也由衷地替他高兴。

CyberAgent 一直以来都在实行导师制度，我们在培养应届毕业生时，会提拔入职 2 ～ 4 年的员工，让他们负责培训新人。在担任导师的过程中，有很多非常努力的员工自身也有了很大成长。如果你的公司或部门里有入职第二年的员工，请毫不犹豫地提拔他们吧。

提拔有声望的员工

第三类需要管理者尽快提拔的员工是有声望的员工。有声望的员工，其优点是擅长与人打交道。他们对周围的人有强烈的兴趣，也因此养成了仔细观察的习惯。

但是，什么样的员工才能被界定为“有声望”呢?他们既没有可以被数据化的工作成果，也不会像有晋升意愿的员工那样自告奋勇，因此很难辨别。在我看来，有声望的员工主要有两个特征（见图 2-14）。

用一句话概括，有声望的员工就是信任同伴的人。而信任同伴的人，极有可能在人群中获得很高的声望。

- **有声望的领导**
  能向管理者举荐自己得力助手的人
- **有声望的员工**
  擅长发现他人的优点并对其表扬的人

用一句话概括：
有声望的员工就是信任同伴的人。

图 2-14　有声望的员工的特征

请大家回忆一下自己身边是否出现过这两类人：一类是工作能力很强，但觉得自己单打独斗也能完成工作，不需要任何协助的人；另一类是对周围的人抱有信赖和关心的人。显然，后者的声望高于前者。

第二类人很清楚只靠自己是无法取得较大的成果的。因此，当工作没有进展的时候，他们更容易转换思维，去寻求他人的支持。这是作为管理者非常重要的资质。更确切地说，他们擅长分配任务，也能够提拔别人。而那些只想靠一己之力做出成果的人，不会产生提拔别人的想法。

除此之外，管理者还可以提拔那些在同期同事中人缘较好、深受信赖的员工。人缘较好的员工得到提拔，会使公司内部更加有活力。因为人缘好的员工容易得到周围人的支持，其提拔不仅会对其他同事产生积极的影响，还有助于形成良好的职场氛围。

综上所述，即使管理者不看员工的能力、经验和适应性，提拔的标准也有很多（见图 2-15）。另外，管理者考虑提拔员工的时候，尽量不要用扣分法，而是要用加分法，要多关注员工的优势，以此来扩大提拔的范围。

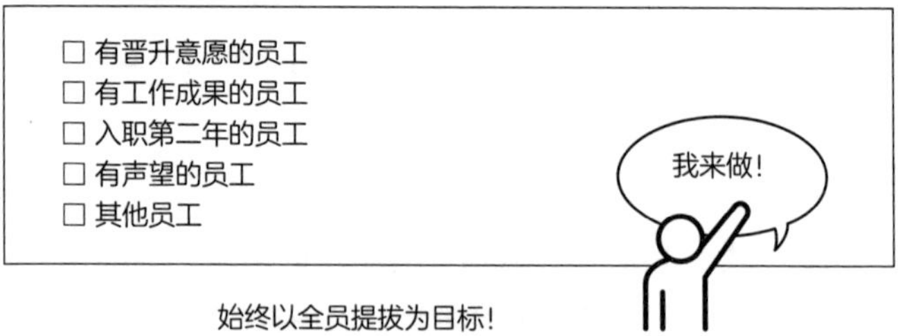

图 2-15　提拔不同类型的员工

警惕“雷达图陷阱”

很多公司都将雷达图作为人才评估和管理的工具。雷达图是一种展示多维数据的图，它能够较为直观地展示人才的多方面能力值，是一种极为便利的辅助工具。

雷达图通常包含策划能力、行动能力、沟通能力、逻辑思维能力等维度，不同公司的侧重点会有所不同。雷达图的作用是提供关于岗位分配的参考，比如人事负责人会根据员工的雷达图，判断得出“这个人策划能力强，分配到策划部吧”“他行动能力强，让他去做销售吧”等结论。此外，员工的弱项在雷达图中也一目了然，管理者可以据此制订具有针对性的提升计划。一些企业会利用雷达图来辅助招聘工作。如果招聘的范围较广，雷达图确实可以在短期内帮企业筛选出大量优秀的人才。

但是，雷达图有一个明显的缺陷，即雷达图只能对固定的维度进行评价。虽然细分维度可以扩大评价范围，但图中展示的能力是有局限性的，这一点是不变的。将雷达图作为提拔依据的管理者一般倾向于提拔各方面能力较为均衡的员工，而那些虽有不足之处，但在特定方面能力突出的人才往往会被忽略。如果每次都只提拔均衡型人才，其结果就是形成一个相对平庸的集团或组织。这就是我所说的“雷达图陷阱”（见图 2-16）。

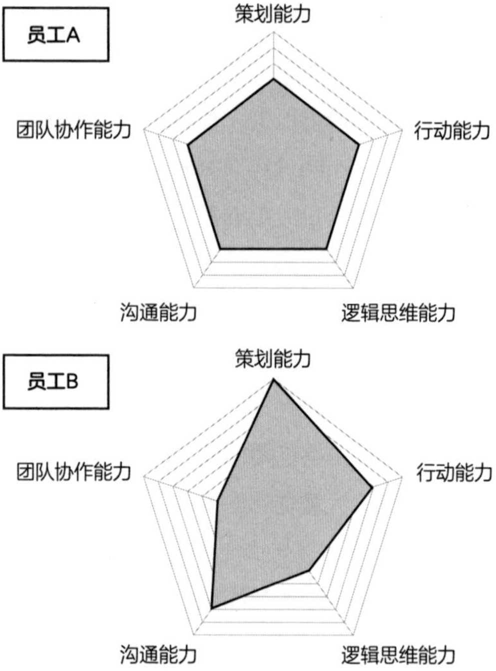

- 一般来说，管理者倾向于提拔各方面能力较为均衡的员工A，而员工B虽然策划能力突出，但有些方面的能力相对较差
- 不过，只提拔均衡型人才的结果就是形成一个相对平庸的集团

雷达图中没有期待值，这就是陷阱！

图 2-16　雷达图陷阱

管理者不要小看某方面特别优秀的人才和拥有雷达图没有显示的能力的人才，在他们之中，可能会出现取得突出成果，甚至引发组织变革的人。这些人才难能可贵，倘若在招聘中错失他们，对公司而言也是巨大的损失。

如今的企业要求员工具备各种能力，所以发展不均衡的员工才会一直得不到提拔。能力发展不均衡绝对不是坏事。很多成功人士都有缺点，要想在事业上取得成功，某种程度的"偏科"是没有问题的。甚至可以说，正因为一个人的能力有强弱之分，我们才能抓住自己的强项，而只要在强项上有所突破，就很容易打开成功的大门。

提拔和招聘一样，也存在雷达图陷阱。就算管理者想要积极地提拔年轻人，但如果提拔的标准是各方面能力均衡的人，同样很难给组织带来创新的血液。

此外，正如我在前文所述，提拔和现有的能力之间的关系没有那么重要，重要的是员工本人的晋升意愿，也就是期待值。

注意提拔的两个死角

管理者的工作是提高整个团队的效益，为此，需要将团队成员的力量发挥到最大，本书介绍的自驱循环则是我个人认为最有效的工具。只要员工实现了自主成长，个体的力量迅速壮大，团队整体的力量就会变得更强。

正因如此，**管理者的目标不应是提拔哪一个人，而应是提拔团队的所有成员**。但在工作方式多样化（比如远程办公）的今天，管理者并不能看到所有员工的表现，再加上一些员工缺乏目前所处工作岗位的相关经验，所以管理者在分配新任务的时候，选择的往往是有经验的人和自己熟悉的员工，而其他员工，特别是以下两类员工最容易在提拔中被忽略，即存在提拔死角（见图 2-17）。

- 刚进公司的新人。
- 通过岗位调动来就职的员工。

新人和调动来的员工成长潜力最大，应当是最先得到提拔的人。管理者如果不培养他们，团队很难变强。不仅如此，倘若管理者总是把任务交给固定的员工，致使他们的工作负荷不断增加，长此以往，团队内部也会出现不和谐的声音，到时团队成员都疲惫不堪，团队的效益不升反降。反之，管理者如果对团队的全体成员进行提拔，就会得到巨大的回报。

1. 刚进公司的新人
2. 通过岗位调动来就职的员工

成长潜力大
最有上升空间
⟶ 本应最先得到提拔

管理者会倾向于提拔有经验的人和自己熟悉的人，这一点需要注意。

图 2-17　注意提拔的两个死角

值得注意的是，比起消灭弱点，让员工发挥特长更能激发员工的积极性。此外，在管理者对员工进行了必要的提拔后，员工会为了达成目标更努力地做出成果。由此，员工不仅能够感受到活用自己的特长，实现自主成长的成就感，还能感受到通过自己的努力为团队做出贡献的满足感。

这么做还有一个好处，那就是在远程办公的情况下，也能让员工切实感受到自己为团队做出了贡献，从而加强团队的凝聚力，强化团队的心理安全感。关于管理者在其部门或团队内部可实施的具体提拔方案，我将在下文进行说明。

用职责代替岗位

很多企业人事部门的管理者来找我咨询有关提拔的问题时，都表示："我们公司有一些优秀的年轻人，可提拔的岗位却不够。"在大型企业，这种情况尤为常见。而在初创企业，甚至有可提拔的岗位本身就不存在的情况，听起来令人哭笑不得。

如果可提拔的岗位不足，最有效的解决方法是设立新的职责以代替岗位。例如，将入职第一年的新人提拔为新闻收集负责人等。确切地说，就是针对部门或团队面临的课题、困难，或者达成目标所需的其他因素，分别安排员工专门负责。我将这种方法命名为负责人制（见图 2-18）。

☐ 日程制订与进度管理
☐ 撰写会议记录
☐ 征询成员的意见并总结
☐ 数据分析，汇报结果
☐ 在公司内部的学习会做报告
☐ 分享新闻报道或相关网页的链接

管理者可以发掘出很多团队成员乐于接受的任务！

图 2-18　可提拔的职责示例

举个例子，假设一个团队有包括新员工在内的成员共 5 名，管理者让这 5 个人分别担任不同的负责人，具体如下：

- A：新闻收集负责人。
- B：团队沟通负责人。
- C：业务改善负责人。
- D：日程和进度管理负责人。
- E：竞争信息 - 市场分析负责人。

这样一来，团队就不是只有 5 名成员的普通团队，还成了有 5 名负责人的可靠团队。人是会对期待做出反应的高级动物，而负责人制就能将期待更具体地传达给员工，比如：“希望你做这样的事情”“希望你能运用自己这方面能力”，等等。任命员工为负责人，还包含着授权的信息，通过这种方式，管理者就可以以积极的形式告诉员工“接下来由你全权负责”。

此外，被提拔为负责人的员工，人人都有机会为团队做出贡献，并提高自己的价值感。最终，团队每名成员的力量都能被最大限度地激发出来。

负责人制适用于规模较小的组织，它使管理者能在自己可裁决的范围内提拔员工，不仅步骤简单，效果也很显著。

而与自由度高的小型企业不同，大型企业的组织大多是僵化的，几乎没有创造新岗位的空间。因此，我建议大型企业的人事负责人提拔员工参与跨部门协作项目。

校园招聘项目、劳动方式改革项目等都属于跨部门协作项目。有一点需要注意，管理者不要让员工以专职人员的身份加入，而要让他们兼顾自己的本职工作。如此，即便不特意增设新的岗位，也能让年轻员工得到锻炼，使其更快速地成长。

由于跨部门协作项目致力于解决整个企业的经营课题，因此管理者也会很关注这些项目，有时甚至会直接参与。而在工作中接触管理者对普通员工有很多好处，可以帮助员工知悉管理者的视角，积累与更高职位完成同等层次工作的相关经验。

所以，对想要快速成长的年轻人来说，参与跨部门协作的项目，能使他们在承担新角色的同时，得到参与公司重要课题的机会，可谓是一箭双雕。

两种方法提拔未达标员工

看到这里，一定会有人觉得，全员提拔听起来很简单。当然，提拔优秀的员工和表现中规中矩的员工是可行的，但部门总会有一两名业绩未达标或排名垫底的员工，管理者又该如何提拔这些员工呢?对于未能达成目标的员工，我建议管理者从以下两个角度进行提拔。

- 将大目标拆解成小目标。

- **从个人到团队，为团队做贡献。**

这两种方法可以单独实践，但结合起来效果最佳。也就是说，管理者要给未达标的员工降低工作难度，并且委派其“能为团队做出贡献”的工作。

未达标的员工，最缺乏的就是成功经历。因此，管理者要将大目标进行拆解，缩减任务量，先让未达标员工积累小的成功经历。

我所说的成功不光指营业额等数字的增长或排名的升级，还包括为团队和客户做出贡献等能让员工体会到价值感的要素（见图 2-19）。

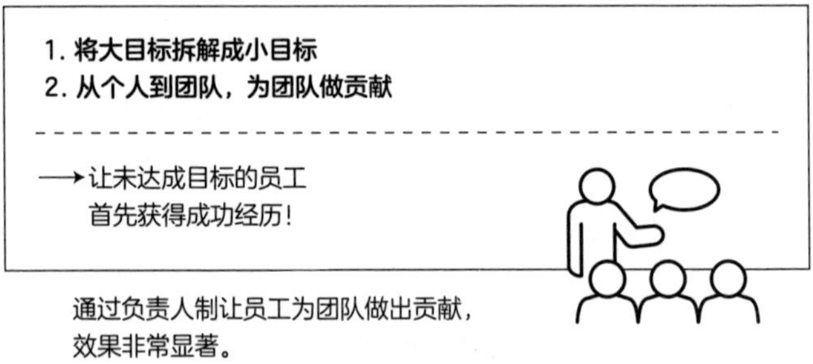

图 2-19　提拔未达标的员工

至于提拔未达标员工的具体措施，我在前文介绍的负责人制同样适用，并且效果显著。下面我将以某公司未能达标的员工 A、B、C 为例，对其进行说明。

新人 A 只完成了 60% 的销售目标。A 对行业趋势和客户的理解似乎不够充分。因此，管理者可以将 A 提拔为趋势发布负责人，安排其每天查看业界的报纸和杂志，并向团队发布信息。

A 为了弥补自己的不足而收集、发布信息，只是这样就能为团队做出贡献，从而得到了团队成员的感谢。“你提供的信息很有用，谢谢。”得到了正向反馈，A 就会更努力地做好负责人的工作。

将大目标拆解成小目标能帮助未达标的员工克服弱点，从团队贡献的角度出发，还能达到集中力量并发挥员工强项的效果。

例如，让不太擅长与客户沟通的员工 B 分析客户意见并撰写相关报告。团队中也有其他擅长沟通的人，但其在分析方面整体能力尚且薄弱。那么，把分析的任务交给

B 会如何呢?

如果管理者只以个人表现为依据判断员工的强项和弱项，提拔的思路就会受限，但如果从团队整体职责分工的角度重新审视工作分配，或许会发现底层人才意想不到的潜能。

因此，提拔员工去做对团队有益的事是非常重要的，因为为了团队而努力的员工更容易得到周围人的支持。而得到周围人的支持和成功经历一样，是人成长中不可缺少的要素，这一点却极易被忽略。

员工 C 进入公司 3 年，一直为个人发展的问题所困扰。后来，在领导的提拔下，员工 C 成了公司分析技能学习会的负责人。员工 C 收集了有关分析技能的资料，并事先请前辈和领导确认。如此一来，员工 C 自然会收获很多建议和期待，比如“资料应该这样整理”“我想学习这方面技巧”“我很期待学习会”等，这些都是来自周围人的支持，得到支持会加速员工 C 的成长。

实际上，苦于发展、停滞不前的员工几乎都是很少主动提问、在不知不觉中被团队孤立的人。这些员工刚进公司时得到了很多帮助和反馈，但到了第三年，所有人都会认为做好工作是理所应当的，自然就什么都不会说了。一些信心不足的老员工甚至会受到有能力的新人的颐指气使，从而彻底丧失自信。而像员工 C 这样被提拔为公司内部学习会的负责人，就能斩断这种恶性循环。

让员工为团队做出贡献并获得周围人的支持还有一个好处，那就是员工的工作积极性会大大提高。

员工 C 负责的学习会取得了圆满成功，领导又对员工 C 说："接下来请你负责对获得 MVP 的员工进行采访，询问他们取得成功的秘诀，再在团队中分享这些秘诀。"此时的员工 C 应该对工作有了更高的积极性。换句话说，员工 C 已经为团队做出了贡献，得到了周围人的支持，所以他可以毫不畏惧地去采访 MVP 员工。甚至，如果员工 C 能通过采访汲取成功者的经验，并将其应用于自身，或许就能自然而然地达成目标了。

通过员工 A、B、C 的例子，我们可以得出结论：若管理者以"预付"（先为团队做出贡献）的方式提拔员工，员工就会变得更有自信。

总之，如果你的团队中未达标员工的工作表现只能达到预期的六成，接下来当然可以以七成为目标，只不过还有另一个方向，即实现从个人目标到为团队做贡献的转换，让员工积累成功经历和支持经历，从而获得自信。

最后附上表 2-5，帮助你检查团队中未达标成员的提拔情况（第二行为示例）。请列出未达标成员的强项，以及他能够为周围人做出的贡献，任务尽量控制为小目标。

表 2-5　未达标成员提拔情况表

被提拔者	强项	预付 （先为团队做出贡献）
员工 A （入职第二年）	行动力强，能积极地与人沟通	听取团队成员关于部门沟通的建议，并进行总结
员工 B		
员工 C		
员工 D		
员工 E		
员工 F		
员工 G		

让员工成为工作的负责人

读到这里，我想你已经对提拔形成了整体的印象，下面就让我对第 2 章的主要内容进行总结。

自驱循环的第一步是提拔，即自己成为负责人。这句话的关键词是“负责人”。如果员工同意担任经理，就要成为整个团队的负责人；同意担任送迎会的干事，就要成为送迎会的负责人；接受了整理活动报告的工作，就要成为报告的执笔负责人。

在负责人制里，最重要的不是头衔，而是身为负责人的自觉。毕竟客户经理等可以得到头衔，而报告的执笔负责人等是没有头衔的。即便如此，员工只要有身为负责人的强烈自觉，擅长为自己的工作赋予意义，就是优秀的负责人。

你听过美国国家航空航天局（NASA）清洁工的故事吗?美国时任总统肯尼迪曾去 NASA 访问，在洗手间碰到了一名清洁工。总统微笑着说：“谢谢您把地板拖得如此干净!”没有想到清洁工的回答却是：“总统先生，我不是在拖地板，而是在为人类登月做贡献！”

这名清洁工没有任何头衔，但正因为有身为该楼层清扫负责人的强烈自觉，他才会如此热心地工作，甚至还吸引了总统的目光。至于工作的意义，用他自己的话来解释，就是帮助飞行员登上月球。

不论为工作赋予意义的是自己还是别人，当员工意识到自己是负责人的时候，自驱循环就会开始运转。

在下一章，我将介绍自驱循环的第二个步骤，即员工被提拔为负责人后应该做的工作——决策。

打造持续运转的自驱循环

- 提拔不仅能使年轻人自身迅速成长，还能给整个团队带来巨大的收益。
- 提拔是指向未来的，体现了管理者对年轻人潜能的期待。如果管理者仅局限于现有人才和现有能力的总和，组织的潜能就永远无法被放大。
- 个体会因为被期待而快速成长，组织也一样。
- 提拔年轻人是一种对未来的投资，且这种投资几乎是零成本的。
- 提拔的基本规则：向年轻人表达期待、鼓励年轻人自荐、领导批准。
- 为了引导年轻人自荐，管理者必须做到以下三点：为工作赋予意义，讲究提拔措辞，积累信任余额。
- 管理者的目标不应局限于提拔某个人，而应提拔团队的所有成员。

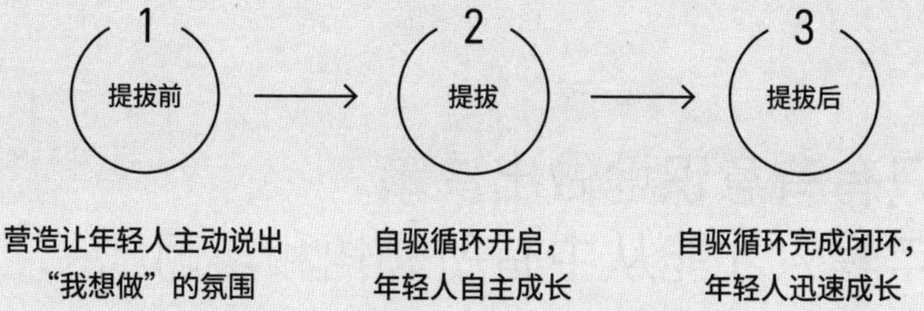

第 3 章

自驱循环第二步，用决策助力飞跃性成长

只有有意识地做出决策，
年轻人才能从中有所领悟和学习。

我在第 2 章说过，管理者若想让年轻人取得巨大的成果、实现飞跃性的成长，有效的方法就是提拔他们。但提拔之后就可以对他们放任不管了吗?显然不是。

提拔确实会给年轻人带来成果和成长，但仅靠提拔是不够的。提拔只是自驱循环的起点，接下来，管理者还需要让被提拔的年轻人积累决策经验。凭借决策经验，年轻人才能快速进步。

决策经验为什么能使年轻人成长?因为决策会使年轻人经历“做决策—承担责任—学习”的过程。

决策经验是自我成长的一大关键，被提拔后，年轻人的决策经验会有质和量的飞跃。得到提拔后，年轻人会面临很多必须做出重大决策的情况。被提拔的次数越多，其决策经验也就越多。年轻人如果因此接触了新的领域，那么，所有决策都将是第一次。这种在未知领域做出决策的经验，会让人获得飞跃性的成长。

在 CyberAgent，提拔已经成为家常便饭，年轻人可以借此积累大量的决策经验。

年轻员工 A 是 CyberAgent 的一名广告销售负责人，仅毕业 3 年就获得了公司的 MVP。他在有 1 200 多名学生线上参与的 CyberAgent 风险投资峰会上发表了以“向销售 MVP 请教工作秘诀”为主题的演讲。当时，一名学生向他提出了这样一个问题：“在取得事业成功的过程中，你觉得自己成长最多的是哪方面？”

员工 A 思索片刻，回答道：“通过积累商务经验，我掌握了各种各样的技能……但我认为，归根结底，自己进步最大的还是决策能力。”

他虽然稍微犹豫了一会，但还是果断地回答了“决策能力”。因为决策既促进了他的成长，也给他带来了自信。

工作其实就是一连串的决策。对于领导发来的邮件，是马上回复，还是仔细检查内容后再回复?工作中遇到了难题，是找 B 商量还是找 C 商量?从哪项工作着手比较好?这些看似无关紧要的决策，其重要性却出乎意料，每个人的最终选择会对工作结果产生巨大的影响。

在所有的选择中，最坏的就是不做决策。有一些员工认为，与其烦恼找谁商量，不如谁也不找，但这样就无法做出决策。此外，还有一些员工在决策上浪费了太多时间，导致工作很难向前推进。在他们做一次决策的时间里，其他人可能已经做了 5 次甚至更多次决策。并且，他们和决策迅速的人之间成长速度的差距也会越来越大。

因此，在提拔后，管理者要让下属自主积累决策经验，同时要重视其决策的速度，以便他们尽可能在短时间内做出更多决策。

我通过 CyberAgent 内部调查得知，在引入远程办公模式后，决策经验的差距极大地影响了员工的工作成果和成长速度。决策经验多和习惯做决策的员工工作更高效，因为在远程办公的情况下很难知晓同事的状态，所以他们会更加积极地进行汇报、联系和商讨。反之，不习惯做决策的员工则会因一直等待领导的回复而影响工作效率，变得更加被动。

起初，CyberAgent 的人事部门一直担心远程办公会导致等待的时间增加，拖延业务的进度。等待领导的回复和批准等情况都在我的预料之中，我甚至预想了最坏的情形：业务乱成一团，所有人手忙脚乱，纷纷埋怨。

但是，在 2020 年夏天公司面向全体员工进行的问卷调查中，有超过七成员工表示“在远程办公模式下，自己会向更多目标发起挑战”。事实上，远程办公增加了策划方案的数量。

这个结果大大出乎我的意料。我仔细倾听了员工的想法，发现了原因。首先，平时已经习惯做决策的人会主动推进工作。他们会不断做出决策，因此工作进展得很快。其次，远程办公无须通勤，工作被打断的情况也大大减少，员工因此获得了更多自由时间。很多人会利用远程办公获得的自由时间来思考，也有人认为在这种模式下制订下一个目标时，思考的质和量都得到了提高。

远程办公模式不仅影响了员工，也影响了管理者。在这种模式下，除了新的战略和策划方案，哪怕是一些很小的创意，管理者都会征求下属的意见：“我现在正在思考这个问题，你觉得怎么样？”

大家都能很好地应对远程办公模式带来的变化，这令我很佩服。**对喜欢独立思考的人来说，决策经验越丰富，他们成长得越快，自由时间就越多**。说实话，我对这一发现感到很惊讶。

与此同时，我也发现了一个严峻的现实：决策经验直接影响着年轻人的工作成果和成长速度，而且这种差距正在逐渐加大。所以，管理者务必要向你的团队传达决策经验的重要性。

在决策中，最重要的是速度

决策需要速度。在商业活动中，更多情况下我们没有深思熟虑后做决策的时间，而必须在短时间内迅速做出决策。因为当你还在犹豫选择方案 A 还是方案 B 的时候，对手公司可能已经在进行同样的项目了。不过，即便如此，做决策也不能像掷骰子一样随意。我们需要对各种信息进行取舍，以做出最好的决策。

好的决策是通过积累决策经验产生的。因此，管理者要督促被提拔的员工尽可能迅速地做出决策，以在短时间内积累更多决策经验。此外，如果我们能利用做一个决策的时间做出更多决策，也许还能弥补和修正之前的错误。

不习惯做决策的人会在一开始慎重地对待每一个决策。但是，深思熟虑也不一定就能做出好的决策，所以与其为此烦恼，不如尽快决定。即使出错也没关系，错误的决策经验也可以被运用到下一次决策中。

追求决策速度的人，自然需要更多决策经验。为了积累决策经验，更要快速决策。只要意识到这一点，员工就能迅速提高决策的速度、增加决策的数量。

我建议管理者提高员工的决策速度，不仅是为了让公司不被竞争对手赶超。从个人成长的角度看，提高决策速度是为了让员工更快、更多地成长。

有一点也很重要，当被提拔的成员快速做出决策时，管理者要立刻表扬他们的决策速度。即使员工做的决策是错误的，管理者也要强调快速决策带来的积极影响，给予员工正面评价（见图 3-1 示例）。一开始犹豫不决、无法下定决心的员工，在多次表扬和鼓励下，也会逐渐提高决策速度，不再害怕做决策。

- ☐ 你能首先想到去寻求反馈，这样做是正确的。
- ☐ 你能马上做出决定并采取行动，非常好！
- ☐ 当机立断真是太棒了！
- ☐ 幸亏你及时改正了错误。
- ☐ 现在发现错误尚且不晚，真是太好了！

管理者要表扬员工的决策速度。

图 3-1　表扬员工决策速度的相关措辞

通过决策循环提高决策质量

读完前文，我想一定有人会提出这样的疑问：“你说要让员工增加决策的数量，那又如何保证质量呢?仓促随意地做出决策，真的能使员工成长吗?”

在任何决策都有价值的前提下，有些决策只能带来 1 分的成长值，而有些决策可以带来 10 分的成长值。我们就以成长值为标准衡量决策的质量。什么样的决策能带来更大的成长呢?我们如何才能提高决策的质量呢?

下面，我想向你介绍决策循环。自驱循环是通过提拔、决策、失败、学习 4 个步骤来促进人的成长的，而决策这一步骤本身也包含一个小的循环。这个循环就是“决策一认知一内省”。

一次提拔未必意味着只做一次决策，有的提拔可能需要被提拔者进行几十次、几百次决策。被提拔者每做一次决策都会经历一次循环，循环的次数越多，被提拔者做出的决策质量就越高。

我先对决策循环中的两个新概念“认知”和“内省”进行说明。

所谓认知，是指决策者对其所做决策的认知。在面临重大决策时，我们能意识到接下来自己要做重要的决策，但在很多小事上无法察觉这一点。而连重要决策的价值都意识不到的人就更是如此了。

要想实现决策循环，首先我们必须意识到自己刚才做了怎样的决策，这一点非常重要。在两个在一小时内做了一模一样工作的人中，认为“自己这一小时什么都没做”的人和认为“自己这一小时做了一次决策”的人，在接下来的内省环节中也会表现出很大的差异。

当进行了决策，并意识到这一点之后，你就要回顾自己做了怎样的决策，而对决策的回顾就是内省。自己的决策是否足够迅速?是否能带来成果?这个决策给周围带来了怎样的变化?为了做出更好的决策，内省是必不可少的。

决策者通过内省得到经验，经验会逐渐由量变到质变，最终升华为经验值（学习），成为决策者独一无二的宝贵财富。

读到这里，相信你已经对决策循环形成了初步印象。

如图 3-2 所示，**决策者通过回顾和反思自己所做的决策，形成“决策—认知—内省”的决策循环，且决策次数会自然增加**。关于决策循环的运转方式，我将在后文进行说明。

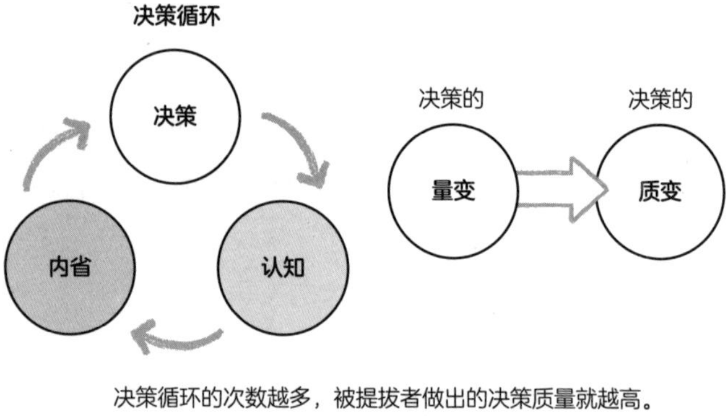

图 3-2　通过决策循环提高决策质量

通过研讨会将决策经验书面化

当我告诉下属“你的工作是做决策”时，有的下属会感到困惑和不安：“我从来没有自己做过决策，说实话，我没有自信。”这种情况多见于性格谨慎和自我评价较低的员工。此外，职场新人等社会经历尚浅的年轻人也会因没有决策经验而感到不安。

针对此类员工，我推荐管理者召开决策经验研讨会（见图 3-3）。

1. 写下学生时代的决策经验（1分钟）

2. 写下工作后的决策经验（1分钟）

答不出第二题的人很多 ⟶ 无法做到书面化

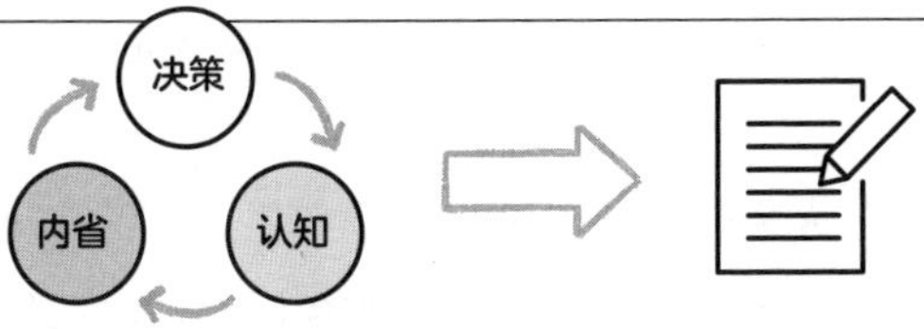

研讨会的目的是将决策经验书面化，通过书写、分享让决策循环运转。

图 3-3　决策经验研讨会

我曾经召开过这样的研讨会，并在会上让员工花 2 分钟时间写下自己迄今为止的决策经验，下面我就向你简要描述一下当时的情况。

我给参加研讨会的经理和员工出了两道题目。第一道题目是让员工写出自己在步入社会之前，即学生时代的决策经验；第二道题目是让员工写出自己工作后的决策经验。

在回答第一道题目时，几乎所有人都会回想起很多事情，流畅地写出自己在学校社团、打工、旅行、升学、学习等各种情境下做过的决策。而看着第二道题目时，参加研讨会的员工都露出了为难之色。我本以为大家会写下很多内容：自己向领导提出了建议，开展了对工作有用的学习，等等。但员工纷纷陷入沉思，甚至有人放下了笔。

为什么大家能够轻松地回想起学生时代的决策经验，而提到工作后的决策经验却面露难色呢?我认为这有两个原因。一是决策经验不足。有些人确实在步入社会后就一直在被动地工作，能自己做决策的机会大大减少。二是没有意识到自己的决策经验。很多人明明做过各种各样的决策，却没有意识到自己做过决策，这些未被认知的决策自然不会作为经验留存下来。

九成的员工都属于后者，他们只是没有意识到自己的决策经验。因为在公司里，他们无法断言自己独立做了什么决策，所以就无法形成“自己的所为即是决策”的认知。比如，向客户提出了优化建议，这也属于非常棒的决策经验，但是很多员工会犹豫不决，不敢将其作为决策经验写下来。

也有人会误解做决策的人是盖章的人，即最后拍板的人，认为“像我这样的普通员工是不可能做决策的”。然而，批准并不是唯一的决策方式。提出问题、构思策划、设想方案，或是想办法说服领导批准，这些都属于决策经验的范畴。这些决策经验如此宝贵，却没能成为决策者自身的财产，实在令人惋惜。

召开决策经验研讨会的目的，正是将决策经验书面化。通过将决策经验书面化，员工会产生自己积累了决策经验的自信。与此同时，他们也能清晰地看到今后的目标：继续增加决策经验。

我在前文说过，员工经历“决策一认知一内省”的决策循环后，可以不断增加决策次数，而我们也可以利用研讨会促进其决策循环。重点是要让员工意识到自己在工作后的决策经验，并在日常工作中加深对决策经验的认知。

这才是决策循环的第一步。有了对决策经验的认知，其决策次数自然也会增加。

培训必须和下一次决策经验联系起来

日本的大型企业几乎都有完备的员工培训制度，CyberAgent 也不例外。我个人认为，员工培训是有必要的，但很多企业都对培训依赖过度。

不少大型企业的人事负责人仍持有“培训是为了培养人才”的观点，直到现在还有一些企业纯粹是让员工泡在永无止境的培训之中。

我们可以这样类比，在体育领域，只靠培训是培养不出优秀运动员的。尽管技巧、战术、心理素质等都要靠学习才能掌握，但真正能让选手成长、变强的是每天的练习和实战经验。同样，对职场人士来说，与成长密不可分的也是实战经验。而职场中的实战经验，正是本章所述的决策经验。

决策经验积累得越多，人才才可能成长得越快。而这正是只靠培训培养不出人才的原因之一。一方面，培训没有给员工做出决策的机会。在培训中，员工既不会因为决策失败而被追责，也不必取得可数据化的成果，他们只需在培训结束后提交报告即可。另一方面，甚至会出现员工被管理者强制要求参加培训的情况，培训更是毫无效果（而做出这种行为的管理者也不会受到责备，只会激起员工的不满）。

大部分企业都会将培训交给外部机构，不过也有企业会倾注大量心力自行开展培训。这一点很好，但我还是想强调，培训不等于培养，培训终究只是培养的辅助工具。话虽如此，我并没有否定培训本身的意思。而且只要方法正确，培训也能成为人才培养的一大助力。

我在前文提到，认知和内省是决策循环的重要步骤，而培训恰恰能很好地帮助员工加深对决策的认知和内省。员工在培训中的收获具体体现在：

- 将自己的决策经验可视化、书面化，与他人共享（认知）。

- **与处于同一阶段、拥有同样烦恼的伙伴共同发现问题，探索解决方法（内省）。**

若管理者像这样灵活地运用培训，将对员工的决策循环产生积极影响。

我曾在 CyberAgent 的新任经理培训中，就经理的重要职责“提高整个部门的业绩”，提出过两个问题，并让参加者进行小组讨论（见图 3-4）。

创下高业绩的管理者优秀在哪里？
1. 列举出创下高业绩的管理者的名字。
2. 这位管理者优秀在哪里？
3. 这位管理者平时都会做些什么？

自己提高部门业绩的方法是什么？
1. 列举出自己正在做的工作清单。
2. 清单中只有自己负责的工作是什么？
3. 清单中和团队成员一起做的工作是什么？

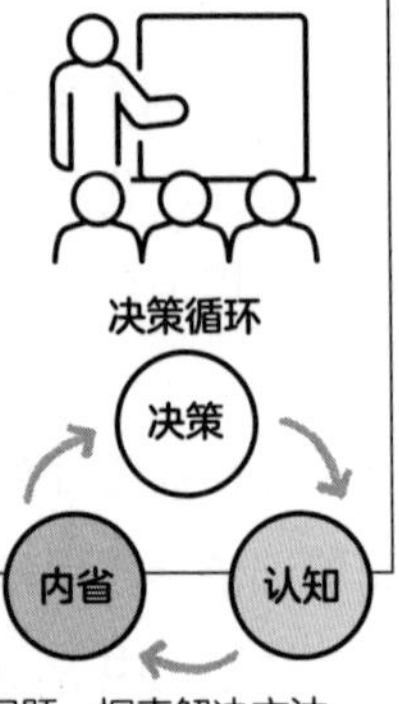

- 将自己的决策经验可视化、书面化，与他人共享。
- 与处于同一阶段、拥有同样烦恼的伙伴共同发现问题，探索解决方法。

图 3-4　利用培训，促进员工的决策循环

成功的管理者的经验很少被公开。正是由于发现了这一点，我才设计了以上问题，目的是借助培训让所有经理公开探讨彼此的经验，拓宽他们的思路。

所有新任经理都很容易陷入一个误区，那就是要求下属按照自己的思路做事。但是，通过和其他人交流，经理就可以得知更多提升工作业绩的方法，而不会只陷在一种思路里。万一自己的工作进展不顺利，还能立刻做出调整。实际上，这种做法在后续的问卷调查中也获得了一致好评。

然而，即便是按照我的培训方式进行培训，接受培训的人如果不能主动运用在培训中学到的经验，培训也没有任何意义。培训取得成功的关键，是员工将在培训中学到的内容付诸实践。不管实践成功与否，都没有关系，假如失败了，换一种方法继续尝试即可。

只有将培训与下一次决策经验联系起来，员工才能获得学习和成长，这样的培训才是有意义的。

每周一次决策回顾面谈，强化内省

为了做好下一次决策，内省是必不可少的，但是，员工仅靠自己可能很难做到内省。因此，我推荐管理者每周举行一次决策回顾面谈。

决策回顾面谈，顾名思义，是管理者定期与员工召开面谈或会议，了解员工是否积累了足够的决策经验。

决策回顾面谈不仅可以帮助员工进行内省，还能给团队成员提供汇报、联系、商讨的场所，对管理者、导师、培训师也有益处。

决策回顾面谈的做法如下：管理者在每周的周五或周末，将“决策经验回顾表”（见表 3-1，第 2 ～ 5 行为示例）发放给部门或团队成员，让他们写下自己本周所做决策的内容。之后在周一早晨，管理者要围绕表中信息依次和成员进行面谈。

表 3-1 决策经验回顾表

序号	时间（决策）	地点	做了怎样的决策（认知）	下一个决策的注意点（内省）
1	周三	和销售部的会议	下周一之前调查并报告实际需要的促销商品数量	周一向部长汇报促销商品数量
2	周三	和销售部的会议	请销售部的员工B确认促销品的交货期限，以及是否有优先交货的对象	周日向员工B确认，决定优先顺序
3	周三	和销售部的会议	制作会议记录，给各部门发邮件	周二之前做好调整，并通知各部门下次会议的日程
4	周三	和销售部的会议	就下次会议的议题向销售部提出方案	下次会议得到回复。若决策未被采纳，准备协调方案

例如，入职 3 年的员工 A 被提拔为某促销项目的负责人，需要把控该项目从策划到执行的全部流程。A 对自己首次负责的工作感到不安。如果你是 A 的领导，并对 A 说："请你在周报中汇报项目进度。"那么 A 就只会在周报里写下自己星期几做了什么事，比如"周三和销售部开

会，议题是新商品的促销”。

但是如果让 A 将与项目有关的决策写在决策经验回顾表中，A 汇报的内容就会发生变化。

周三和销售部开会，议题是关于新商品的促销。下周一之前调查并报告实际需要的促销商品数量（做决策）；请销售部的 B 确认促销品的交货期限，以及是否有优先交货的对象（做出委托的决策）；制作会议记录，给各部门发邮件（决策经验）；就下次会议的议题向销售部提出方案（决策经验）。

在面谈时，领导让 A 依据表中内容进行汇报。

领导：“上周三你做了几次决策呢？”

员工 A：“我在周三的会议上做了 4 次重要决策……”

领导：“通过这些决策经验，你得到了什么启示？”

员工 A：“意识到我做了决策之后，我会经

常思考‘接下来自己应该做什么’，然后行动。”

员工 A 最后做的正是内省。如果员工们能像 A 这样经常回顾自己的决策经验，就会从中受益良多。

美国社会心理学家大卫・库伯（David Kolb）提出了颇具影响的体验学习理论。他在著作《体验学习》（*Experiential Learning*）中指出，人从体验中学习的过程要经历以下循环：从具体体验开始，通过抽象化的思考探寻体验的意义，在此过程中进行反思性探讨，最终做出积极行动的决定（其理论中的“体验”即本书中的“经验”）。

人只有通过有意识地做出决策，才能从中有所领悟和学习，并将它们运用到下一次决策中。这不仅能增加决策经验的数量，还能使个体切实感受到自己的成长。

说句题外话，借着某次拍摄视频的机会，我采访了 CyberAgent 的高管，发现他们每日或每周都会以某种形式定期对工作进行回顾。他们不是心血来潮，而是会定期反省做得好和做得不好的地方，以此为下一阶段做准备。

我们不难想象，定期回顾的人和从来不回顾的人，在一年以后会产生多么巨大的差异。

几乎所有能取得重大成果的人都有一个共同的习惯，那就是回顾。

请管理者务必带领你的团队将决策经验书面化付诸实践，这么做更能亲身感受决策的重要性与价值。同时，别忘记每天和领导、下属分享自己的成长。

从经营的角度做决策

在大型企业的高管中，偶尔会有人这样说："其实，我以前去做海外分公司的社长，实际上是被降职了……"对方虽然语气有些自嘲，但能说出这样的话，也可以说是一种从痛苦的低谷中成功爬上来的自信表现吧。

我从很多人那里听到这句话后，就产生了如下想法：从经营的角度做决策，更容易实现快速成长。

比如，担任海外分公司的社长或地方分公司的社长会使人远离总部的管辖，其角色就像一国、一城的主人一样。在这种情况下，就任者需要前所未有地从经营的角度做决策，而这正是能提升其市场价值的优质决策经验。优质的决策经验几乎每天都会持续地产生，随着决策经验在质和量上的累积，人就会获得飞跃性成长。

调任到分公司是不是真正意义上的降职暂且不谈，倘若员工本人不情愿，自然会对公司产生不满的情绪。但是，如果能利用好这样的机会，就能积累大量与成长直接相关的决策经验。

这是为什么?因为在日本企业之中，总部只派遣一人前往海外担任分公司社长的情况并不少见，而如此一来，从办公室用品管理到出勤管理，再到当地员工的招聘等，都必须由赴任者独立完成。就算有种种不习惯或不便之处，赴任者也必须对自己职责范围内的工作逐一做出决策。

在 CyberAgent，年轻人经常会得到担任分公司社长的机会，这是因为公司希望他们能从经营的角度积累更多有价值的决策经验。如果年轻人从一家分公司成立起就担任其社长，便有机会在把握资金流向、人员动向、事业价值等整体情况的基础上做出决策。站在经营者的角度，年轻人积累的经验将不仅仅局限于新的商业经验。当决策经验的质与量都发生变化，年轻人就能实现加速成长。

厌倦工作是渴望决策的信号

无论决策经验如何提高个人的市场价值、促进个人成长，反复做同样的决策终究会使人产生厌倦感。此时就必须引起注意了，因为这是同类的决策带来的成长已经到达上限的信号。

例如，商品开发小组的某成员每个月都要提交几个策划方案。刚开始的时候，该员工会为了让策划案通过拼命地推敲创意，但渐渐地，当摸索出什么样的策划案比较容易通过后，他不用绞尽脑汁也能写出合格的策划案。因为长期的经验已经让这名员工掌握了写策划案的诀窍。

从工作效率上来说，这名员工更容易取得成果，也更容易写出优秀的策划案。这固然是件好事，但这名员工也可能会就此止步不前。因为人在一成不变的环境中很难进行创新，无法做出划时代的产品，也无法做出改变服务或商业模式等的重大决策。

在这种情况下，工作会变得没那么有挑战性，成长意识较强的人或许会产生“我想做更大的项目”“在这家公司已经感受不到成长了，我想跳槽”等想法。这些员工已经处于决策欲望高涨却无法做出新决策的状态。如今的年轻人，若想切实感受自身的成长，就会主动转移到更有挑战性的决策环境中去。

员工在这种厌倦工作的状态下做决策，就不能称之为决策，更像是例行公事。管理者需要确认部门或团队内部是否存在这样的员工，并想办法让他们不断地做出新的决策以消除厌倦。

如果团队成员自身的决策欲望高涨、决策欲望未得到满足或是对现在的工作感到厌倦，管理者就可以引导其进行与下一步工作密切相关的回顾工作。其关键在于思考：

如果下一步要进行更重大的决策，应该做什么工作？

通过反复回顾工作，员工会产生“我要进行更重大的决策”的想法，从而实现快速成长。更重大的决策，可以是增大自身对团队的影响力、实现更高的目标，也可以是提高更多团队成员的积极性。在思考这些问题的过程中，员工的决策思维自然会上升一个台阶，能够肩负起更大的责任，做出下一个决策。

如图 3-5 所示，在一周一次的决策回顾面谈中，管理者可以根据需要增加如下提问，定期确认部门或团队成员是否获得了实际的成长体验。

1. 重新审视决策经验回顾表，自己所做的是决策还是例行公事？以前是否做过类似的决策？

2. 在例行公事较多的情况下，能否做出更重大的决策？

图 3-5　区分决策与例行公事

通过内省快速积累决策经验

这一章讲述的是决策，下面我要告诉你如何才能让管理者和团队成员拥有新的决策经验。

如果你的成长意识很强，就可以主动尝试新的挑战，创造新的决策机会。但是，从一开始就能做到这一点的只有极少数员工。大多数员工都需要公司或领导给予他们做出新决策的机会。

那么，怎样才能给员工做出新决策的机会呢?这就要回到提拔的话题了。为了做出新的决策，管理者必须不断提拔新人。**提拔不仅能增加做决策的机会，还能满足员工的决策欲望**。也就是说，从员工被提拔的那一刻起，做出新决策的开关就被开启了。

在员工厌倦了决策从而产生辞职的念头之前，管理者有必要不断提拔他们，以满足他们的决策欲望。

在这一章中，我还强调了回顾决策经验的重要性。管理者要带领部门或团队成员回顾自己的决策经验，并思考下一个挑战是什么。此时，决策经验内省工作表（见表 3-2，第 2 ～ 3 行为示例）就发挥了作用。管理者还可以在表 3-1 中增加以下问题："如果没有对写在清单上的事情做出决策，会怎样呢?"

表 3-2　决策经验内省工作表

序号	时间	做了怎样的决策？	从决策中得到了什么收获？（成功经验或存在问题）	如果没有做出决策会怎样？
1	2021 年 1 月	决定远程会议的运行规则	有人对该规则提出反对意见，但可以通过准备相应的对策来解决	会议纪律松散的情况得不到改善，议题无法推进，需要追加远程面谈
2	2021 年 1 月	要求和领导面谈	在面谈中传达了项目的不稳定因素，希望尽早采取措施	在没有磨合的情况下推进项目，领导和项目负责人之间协调意见可能会花费很多时间

让员工自己来填写这个表是最好的。当然，管理者也可以站在员工的角度，思考对员工来说最合理的下一个挑战是什么。

例如，被提拔为某项目负责人的员工 A 在决策经验内省工作表中写道：“如果没有做出决策，部门之间的意见协调就无法进行，项目就会受挫。”这时领导的心里便有了数。A 已经形成了协调部门之间的意见、将项目向前推进的决策经验。接下来他要挑战的是制订项目方针，根据自己制订的方针将项目付诸实施，并取得成果。下一次提拔就可以考虑将项目从立案开始就全权交给 A 来负责。

使用决策经验内省工作表，员工的成长和问题会变得更加清晰。此外，管理者还可以按照前文所述，检查自己和员工是否做了同样的决策、是否混淆了决策和例行公事，等等。

决策经验能使年轻人快速成长。为了使提拔工作跟上团队成员的成长速度，管理者需要及时进行下一轮提拔，让年轻人尽快积累决策经验。等决策经验积累到一定程度，年轻人就能切实感受到自身的成长，也会变得更加自信。在充满自信的状态下，年轻人才能以积极主动的心态面对更大的挑战，也更容易取得成功。正因如此，管理者才要进行更大规模的提拔。

利用社交平台进行内省

正如第 3 章所述，内省是对决策经验的回顾。正确的步骤是：先做决策，在意识到自己所做决策的内容后，进行反思和回顾。

反思和回顾的关键是决策是否迅速，能否带来实际成果，会给周围带来怎样的变化等。这样的内省可以帮助员工更多地做出决策。

除了面谈，你还可以使用社交平台或者公司内部网络媒体作为内省的工具。我自己就会在博客账号上进行“输出”。例如，我于 2020 年初在博客上发表了题为《让人才之花绽放——我的 2020 年大事记》的文章，内容是 2020 年的工作回顾和对 2021 年的工作展望。这正是一种将内省书面化的实践。

因为发布于社交平台的文章是展示给用户看的，所以你要将内省的内容转化成既客观又易懂的文字。你在写文章的同时实际上也整理了思路。

我强烈建议你在年末或年初时进行内省和总结，因为它不仅能帮助我们回望过去，同时还意味着发表新一年的宣言，这也是对自己的自我提拔。比如，我曾在博客中写道：“让人才之花绽放的关键是提拔、部署和决策经验。”这样一来，提拔、部署、决策经验等词语就会经常出现在我的脑海中。如果公司里的同事看了博客之后对我说：“你今年的关键词是进行人才开发的实践对吧？”那我就再也无法退缩了。

将决策经验这一宝贵的成果与他人共享，不仅对分享者本人大有裨益，对分享对象也有好处。因为阅读博客的人也能间接体会到作者的决策经验。

打造持续运转的自驱循环

- 决策经验是自我成长的一大关键。被提拔后，年轻人的决策经验会有质和量的飞跃。
- 管理者要让下属自主积累决策经验，同时注重其决策的速度，以便他们在最短时间内做出更多决策。
- 决策经验直接影响着年轻人的工作成果和成长速度。决策经验越丰富，年轻人成长得越迅速。
- 决策者通过回顾和反思自己所做的决策，形成“决策—认知—内省”的决策循环，决策次数自然会增加。
- 将决策经验与他人共享，不仅对分享者本人大有裨益，对分享对象也有好处。

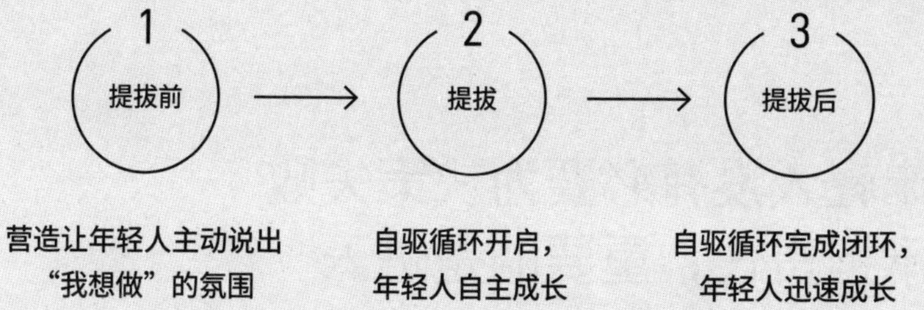

第 4 章

自驱循环第三步，在失败循环中积累经验

年轻人没有必要为决策失败
承担责任，重要的是进入
失败的下一个步骤——学习。

没有失败就没有成长

无论是谁都不想失败，但几乎所有的挑战都伴随着失败的风险。失败是难免的，这就是自驱循环包含失败的原因。

在商业领域更是如此，世界上知名的企业家都经历过失败。更确切地说，成长型的企业经营者从一开始就会以失败为前提来思考问题。正所谓失败是成功之母，每一次失败都可被视作获得成功不可或缺的要素。

CyberAgent 的社长藤田晋曾在 2019 年的新人入职仪式上向 300 多名新人强调失败的重要性：

我想送给大家一句话：No Pain，No Gain。安逸不会给你带来任何回报，越是辛苦困难的工作，就越能提升你的职业能力，也越能让你获得成长。我直到45岁都还在优化自己的履历。之所以能够一直保持进步，是因为我有一个武器，那就是在逆境中也能保持强大的心理素质。经常有人问我："你生来就有强大的内心吗？"我的回答是否定的。每当自己遭遇了非常痛苦的事情，只要不是最糟糕的情况，我都能心平气和地接受。可以说，是痛苦锤炼了我的意志。希望大家在痛苦的时候能想起"No Pain，No Gain"这句话，并将它作为自己成长的精神食粮。

对年轻的职场新人来说，入职仪式是他们迈入社会的第一步。社长藤田晋特意强调"我也是通过失败而成长的"，以此鼓励这些年轻人在今后漫长的职业生涯中不要惧怕失败，并向他们传递没有失败就没有成长的道理。

创新必然伴随着风险，成功的背后是无数次失败的累积。**如果我们消极地看待失败，就很难产生创新**。所以，无论是提拔者还是被提拔者，都要形成失败是成长的必要因素这一观念。只有双方达成共识，团队才能离冒险和挑战更进一步（见图 4-1）。本章我要讨论失败。我相信，在阅读的过程中，你一定会消除对失败的消极印象。

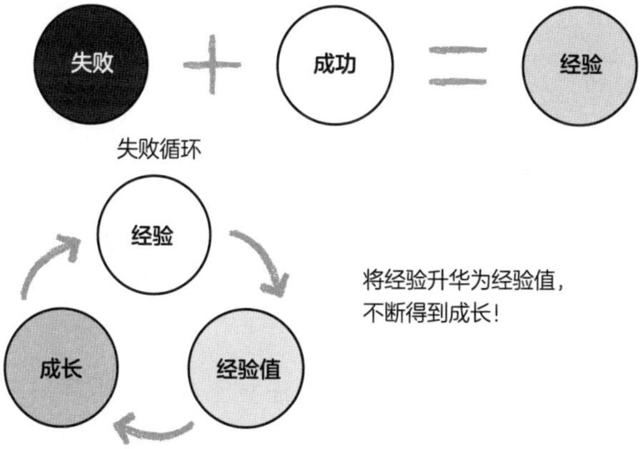

图 4-1　失败是经验的一部分

提拔失败是正常现象

你还记得我在第 1 章提过提拔是年轻人启动自驱循

环的第一步吗?为此，管理者要积极地提拔年轻人。接下来，我将对提拔的相关内容进行补充说明。

即使是在 CyberAgent，提拔失败的例子也并不少见。比如，总部曾提拔一名年轻人就任分公司社长，刚开始一切顺利，但过了半年左右，这名年轻人就觉得遇到了无法克服的困难，在出成果之前便举了白旗。又比如，原本只需及时改正错误就可以解决问题，但因为年轻人自尊心太强、无法摆脱完美主义等原因而导致失败，这样的情况也不是没有。若是在创新的结果成功与否尚未可知时，就武断地认定该模式行不通，成长和成果都会作废。

以上提拔失败的案例，责任并不在于被提拔的年轻人，而在于提拔者，即管理者和人事负责人。也就是说，提拔者必须承认自己的提拔失败。

只不过，在 CyberAgent，提拔失败是允许发生的，我们正是以失败为前提来提拔年轻人的。失败就是失败，但由于已经提前预想到了失败的可能，所以无论是领导还是下属，都没有必要承受过多的责备。有的领导会以年轻人的适应性为判断标准，选择优先提拔擅长改正错误、没有过高的自尊心、不会轻易放弃或逃避的年轻人。但事实上，其他人并不是都不能提拔，适应性不强的年轻人也能取得成果，而适应性评价本身也可能是不准确的。

我非常能够理解提拔者不想用人不当的心情。毕竟提拔者如果提拔失败，说不定会被上级追究责任："为什么你会让一个业绩都没有的年轻人负责这项工作？"领导和人事负责人也可能会因此受到批评，影响自己在公司内部的声望。但是，一旦这种情况成为常态，恐怕就没有人会再愿意提拔年轻人了。有管理者认为，与其因提拔失败而降低自己的声望，不如不提拔，以维持现状。但这样做只会减少员工取得的成果和压缩成长的上限，导致个人和组织不断走向衰退。

冷静地想一想，其实提拔失败的风险只是暂时的。而如果不提拔，今后的风险反而会越来越大。管理者需要注意，不能让公司内部不提拔的倾向超过提拔的倾向。

对公司和管理者来说，比起要不要提拔的问题，最重要的问题是：提拔失败以后，该怎么办？

决策失败也可以被理解

在第3章，我介绍了自驱循环的第二个步骤——决策。决策与提拔一样，也有失败的可能。

与领导以及人事负责人的提拔失败相同，被提拔者经历决策失败也是可以理解的。但是，大多数人最初很难形成这样的认识。资历尚浅的年轻人尤其害怕失败，不愿在决策上浪费不必要的时间。如此一来，决策循环自然运行缓慢，决策的质量也很难提高。因此，管理者要在事前向员工传达就算决策失败也没关系的信号。

话虽如此，当能判定员工的提案失败的可能性很高时，管理者应该怎么做呢?就这样眼看着他们失败真的好吗?

针对此类问题，我建议管理者和员工在对话中对实际情况进行模拟演练。

举例来说，当团队成员想试试方案A时，领导不应该回答“方案A会失败，所以选择方案B比较好”，而是应该向员工提出问题，让员工思考可能会发生的两种情况：顺利或不顺利。“如果采用方案 A，会发生什么呢?”

领导也可以问一些更具体的问题，如“请你试着模拟一下使用方案 A 时的流程”“如果使用方案 A 的话，客户可能会提出这样的要求，那该怎么办”，和团队成员一起做模拟演练。

这个方法对不擅长独立思考的年轻人和极度害怕失败的人尤其有效，通过模拟演练，员工可以在脑海中加深对任务的理解，并从多个选项中做出抉择，从而更果断地采取行动。此外，与领导讨论以后再做决定有助于强化团队成员的心理安全感，万一发生特殊情况，下属也能够迅速找领导商量。所以，为了增强团队成员做决策时的底气，领导者需要持续向他们提供帮助。

正如我在第 3 章所述，要实现飞跃性成长，首先要有决策经验，其次是要加快决策速度。即使判断错误，你也可以通过“决策一认知一内省”的决策循环来提高决策的质量。可能有人会觉得：“话虽如此，但自己终究要对决策负责啊……”而责任感越强的人，越容易把做决策定义为自己的责任。**你没有必要为决策失败承担责任，重要的是要进入自驱循环中失败的下一个步骤——学习。**

如果每次决策失败的代价都是承担责任、辞去职务，那对好不容易培养出人才的企业来说也会造成巨大的损失。当失败等于前功尽弃时，员工本人和整个团队的自驱循环都会停止，双方的成长也会就此止步。

我对年轻人的期望既不是成功也不是失败，而是成长，而且是迅速、大幅度的成长。**如果把成长放在第一位，决策失败就会成为成长的种子。**

我喜欢的书《从优秀到卓越》中有一个观点：大量尝试，只余成功。意思是即使失败也没关系，我们要大量尝试可行的创意，只留下成功的想法。

曾经有人对我说："原来曾山先生你也会失败啊。"诚然，我自己过去也经历过各种各样的失败。2003 年 CyberAgent 实行人事制度改革时，我们推出了七八个新措施，到后来，只有新业务计划竞赛和人事调动职业挑战两项制度得以保留。

关于这次失败，我在日本一档采访节目中和我自己拍摄的视频中都谈论过。我深知，正因有过失败的经历，自己才能成功，所以毫无隐瞒地公开了自己的失败经历。

进一步说，CyberAgent 本身也从大量失败中得到了更多、更大的挑战机会。2011 年，CyberAgent 将主营业务从面向个人计算机的服务转向了面向智能手机的服务，这次转向在当时被称为“智能手机变革”。公司不仅在两年内开发了 100 个智能手机服务项目，还从广告销售部强制提拔和调动了近 200 名员工从事新业务。然而，当时开发的应用程序后来几乎无一幸存。单从这一点来看，这项改革就是一次大失败。

但是，其中诞生了一款热门的应用程序，在智能手机变革之前，手机部门的销售额仅占公司总销售额的一两成，而后来手机部门的销售额却达到了公司总销售额的八成。

显然，正是因为 CyberAgent 向这个新项目投入了包括人才在内的大量资源，公司最终才能收获如此巨大的成果。

这种变革精神使公司在 2016 年的 ABEMA① 项目中也大放异彩。当时，公司内参与智能手机服务开发的人员都参与了 ABEMA 项目，这些手机项目的“失败者们”立志下次一定要一雪前耻。由于公司早在 2011 年就已经将主战场从个人电脑转移到智能手机，这些员工从中积累了丰富的经验，所以 ABEMA 项目比智能手机服务项目进行得更顺畅、更迅速。

从以上事例中可以看出，决策失败正是走向成功的必经之路。成功的要素必然包含失败，且成功的背后会有大量的失败，可以说，失败和成功是相辅相成的。所以，决策失败事实上是可以理解的。关于将失败转化为学习的方法，我将在第 5 章详述。

通过失败循环积累经验

为了不让失败以失败告终，我们要把从失败中获得的经验变成自己的财富——经验值。

① ABEMA 是由 CyberAgent 和朝日电视台共同出资成立，ABEMA TV 株式会社运营的网络电视台，2016 年 4 月正式投入服务。——译者注

在第 3 章，我提出了“决策一认知一内省”的决策循环，循环次数越多，决策的质量就越高。失败也是一样，通过“失败一认知一内省”的失败循环，人可以将失败经历升华为经验值。

失败循环是从认识到自己的失败开始的。失败是所有人都不想直面的痛苦经历，所以深刻地认识到自己的失败并且接受自己的失败才是失败循环的重中之重。深刻的认知可以促进自我反省，帮助你从中学习。从失败中学到的东西，会直接成为自己的财富，与下一次成功紧密相连。而且，从失败中学习的人的的确确会成长（见图 4-2）。

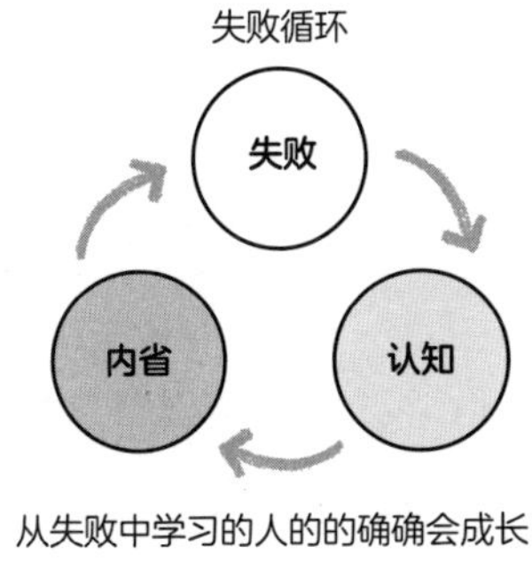

图 4-2　失败循环将失败经历转化为经验值

但要做到这一点，并不容易。如果被提拔者本身具备能够直面失败的心理素质倒还好，但是很多人都会在第一次挑战失败的时候，因为太过震惊而无法接受现实。这时，就轮到管理者、导师、培训师等提拔者出场了。**在被提拔的员工将失败经历升华为经验值的过程中，提拔者的责任和义务就是帮助他们坦然面对失败。**

实际上，经历过失败的人，下一次大有作为的可能性会非常高。

挑战失败也可以获得第二次机会

如前文所述，即便知道失败会成为人生的一笔财富，但一个人接受失败也是需要时间的。

“为什么会失败呢?”“如果当时这样做就好了啊。”如果年轻人只是像这样从回顾失败经历的角度进行反思，那对自我的成长是件好事。但如果因为失败就产生“难道自己不适合做经理”“这次失败已经无法挽回了”等想法，从而完全丧失自信，那就有问题了。这些人才会在蜕变发生之前就垮掉。

因此，管理者要为员工构筑“即使挑战失败也可以重新来过”的安全网，具体来说就是给予人才第二次机会。

CyberAgent 在使命宣言中明确指出：“要给挑战失败者第二次机会。”这是公司对员工的承诺。如果不将给予第二次机会的保证明确地书写或传达给员工，员工就会产生“真的还能有机会吗”“不是能力很强的人就不会有第二次机会吧”这样的怀疑，被提拔者也会害怕做决策，“失败后再次挑战”就不会成为企业的文化和风尚。而对敢于挑战的人来说，能否有第二次机会非常重要。

藤田晋在 2016 年接受网络媒体采访时表示 ABEMA 项目是 CyberAgent 的第三次挑战。他说：

> 我刚创业的时候就想成立一家媒体公司，最终的目标是做视频。过去我们也挑战过“电子邮件构想”（Mail Vision，2002 年）和“Ameba 构想”（Ameba Vision，2006 年）等视频业务。眼

下，随着智能手机的普及和视频服务的渗透，我们抱着“这次是决胜关键”的想法，在 ABEMA TV 这个项目上赌了一把。

将“失败是理所当然的，机会来了就要大胆挑战”的观念根植于企业和团队中，企业和团队的成员也会毫不畏惧地不断做出决策，在失败中成长。

此外，我还总结了三大要点，企业只有具备这些要点，才能营造“新业务纷涌而出”的企业风貌。第一点和第二点与提拔相关，而第三点正是本章想要传达的内容，即将“即使失败也能再次挑战”的文化深深植入每一位成员的心中。这三点是：

1. **鼓励创新的良好氛围。**
2. **清除障碍的保障措施。**
3. **允许失败的企业文化。**

开创新业务就是要经历接连不断的失败。为了培养出勇于挑战创新的人才，我们必须在公司内部营造允许失败甚至是鼓励失败的氛围，这是至关重要的。

分享失败经验，消除心理障碍

在第 3 章中，我谈到初创公司的管理者可以利用社交媒体或社交平台进行自省。我经常看到一些管理者在社交平台上发布有关商业活动被迫终止或管理失败等内容的文章。对这些分享者来说，写文章使人可以用书面化的方式对自己的失败经历进行复盘，还可以间接地将想表达的信息传递给员工。同时，对公司外部的分享对象来说，阅读他人的失败经验也是一种宝贵的学习体验。

CyberAgent 采取的方式是社内报刊。社内报刊上有一个栏目叫 Historier，内容是对项目被终止的负责人进行采访，让他们阐述自己为什么会失败。因为失败的项目也是公司的财产，是值得用文字记录、留给后继者的珍贵研究案例。这些案例能让全体员工共享这些失败经验。

接受采访的前辈能复盘过去的经验教训，后辈则能在阅读中体会到身临其境的紧张感，也能从失败中学习。把失败作为诀窍和要领来分享，本质上是为了将这样的企业文化向全体员工传达，这么做对企业而言百利而无一害。

CyberAgent 积极开展有关失败的采访还有一个目的。接受采访的员工都是在失败后一段时间分享经验的，此时他们是在内省结束的阶段，已有余力回顾自己的状态。因此，他们已经可以将失败经历升华为经验值，让其他人也从中受益。

此外，这个栏目还向公司其他员工展示了一个事实，那就是讲述自己失败经验的当事人，仍在其他项目或工作中活跃着。换句话说，Historier 栏目通过谈论失败，也间接向员工介绍了在第二次机会中获得成功的案例。

公司里的年轻人读了社内报刊，会指着某个人的名字吃惊地说："这不是那位很有名的先生吗！他竟然也有过这样的失败经历啊。"他们也有可能会说："在公司内外声誉极高的这个人，过去竟然失败成这样！"随后，当年轻人真正地了解到很多前辈即使失败过，也依然活跃在现在的工作岗位上时，就会发自内心地接受失败。而且，从给予员工第二次机会的意义来看，这种研究失败案例并分享的方法也是非常有效的。

CyberAgent 的高层也会积极地公开自己的失败经

历。比如前文提到的石田裕子，她也分享过自己遭遇的“两家公司撤资，造成损失达上亿日元”的经历。

同样身为专务董事的饭家勇太也有过分公司转型新业务失败、资金周转困难的失败经历。当时他向总部申请 1 亿日元的贷款，被总部以没有任何业绩为理由拒绝了。据其本人表示，失败的原因是“分公司的新业务取得了小小的成功，我就因此‘翘尾巴’了”。后来，饭家勉强筹措到 3 000 万日元的周转资金，分公司的事业从那以后发展顺利，如今他已成为三家公司的社长。

最后，还有我本人的失败经历。我在担任销售部高层的时候，因为给客户的信息未能传递到位而造成了 1 亿日元的损失，可以说是经历了惨痛的失败。尽管是我自己惹的祸，但公司在补偿客户的同时，还是给了我第二次机会。那次失败经历带给我的是对公司的感激，以及绝不背叛帮助过我的伙伴的决心，还有永远对客户诚实、永不退缩的信念。总而言之，失败经历有时也能创造出无上的价值。

领导者和前辈积极地公开自己的失败经历，还有促使年轻人放下羞耻心、进行自我展示的好处。年轻人的失败，大都是自尊心太强而难以借助他人的力量所致。因此，当听到领导谈论自己新人时期的失败经历时，年轻人会想:“我和领导都犯过同样的错啊。”当年轻人注意到这一点时，也就不会害怕自己出丑了。

分享失败经验不仅具有研究价值，从解决年轻人的心理障碍这一点来看，也很有意义。建议管理者利用部门内部报告会和学习会等形式，定期与团队成员分享失败经验（见图 4-3 示例）。

□ **新人时期的所作所为**
谁都走过弯路，引起年轻人的共鸣

□ **因为自尊心太强而失败的故事**
年轻人发现自己可能也是这样

□ **已成功项目的最大危机**
成功与失败相结合的好例子

□ **工作中“最大的失败”**
从失败中学到的经验

领导者分享自己的失败经验会给团队带来无上价值!

图 4-3　可谈论的失败经验素材

我想分享一名毕业第二年就成为分公司社长的年轻人的故事。这名年轻人刚当上社长的时候，因和其他干部的沟通问题而苦恼。但是，半年后我再次询问他，他却回答说："现在已经完全没问题了。"我仔细听了他的回答，发现他说了这样一句话："现在回想起来，还是觉得当时自己没有贴近周围的人。自尊心太强，不够成熟。"从年轻人口中听到这样的话，管理者就可以放心了。因为这是年轻人已将失败经历升华为经验值，获得自我成长的证据。

慰劳挑战失败的员工

在允许失败的氛围中被给予第二次机会的人，成功的概率会很高。社长藤田晋经常对我说："因为挑战而失败是值得褒扬的，所以我们一定要好好慰劳挑战失败的人。"

慰劳挑战失败的员工十分重要，如果我们慰劳挑战失败的员工，并给他们提供良好环境的话，这些人都会得到成长，下一次就有很大概率会成功。对此，我专门创设了慰劳面谈（见图 4-4）。

慰劳	• 辛苦了！ • 你已经努力过了！
感谢	• 谢谢你勇敢地挑战。 （表达对挑战这个行为本身的感谢）
回顾	• 积极的经验是什么？ • 碰壁的原因是什么？（失败分析） • 以后注意的点是什么？（找出改善点）
计划	• 下次打算怎么做？ • 今后的职业规划是什么？

重点是一定要先慰劳！

图 4-4　慰劳面谈的做法

就以前文所述的项目被终止的负责人为例，自己负责的项目被迫终止，几乎所有遇到这种情况的人来到我面前时都会露出不甘心的表情。对于这样的人，首先应该对他们说“你辛苦了”以表达安慰。

其次是“谢谢你勇敢地挑战”，以此表达对挑战这个行为本身的感谢。“虽然这个项目没能进行到最后，但是你向我们展示了挑战的姿态，这对周围人来说也是一种鼓舞，我想一定会有人因此获得勇气，谢谢你。”

表达安慰和感谢后，再询问员工从挑战失败的经历中学到了什么。例如，一名负责人的项目启动两年后终止，我询问他：

“这两年（项目执行期间）你有哪些做得好的事情？从中学到了什么？（积极经验）你觉得碰壁的原因是什么？（失败分析）接下来，如果遇到类似的项目该怎么做？（改善点）”

管理者用如上方式和负责人一起对项目进行回顾。而且，一定要确认未来计划：

“下次打算怎么做？”

在不会发生工作调动的情况下，我这样询问该负责人：

“以后你打算在 CyberAgent 做什么？（职业规划）”

一提到面谈，几乎所有员工都会本能地感到紧张，产生“自己会挨骂吗”“会被批评吗”“会受到责备吗”之类的疑虑。因此，管理者首先要做的是先谈论积极的方面（比如员工能学到的东西、获得的东西等），给予年轻人认可，告诉对方失败也是一笔财富，所有的经验都是有价值的。

如果能让员工接受这一点，他们看待问题的方式也会有所改变。最重要的是，只要发现积极的一面，就能更轻松地谈论失败。这也是平时领导与下属面谈时可以采用的方法。

让挑战失败的员工做想做的工作

我听说有些公司会将工作失误或失败的员工降职以示惩罚，但 CyberAgent 的情况则正好相反。或许你会觉得有些意外，但 CyberAgent 遵循的基本原则就是让员工去做自己想做的工作，哪怕失败也没有关系。

究其原因，当挑战失败后却仍被允许做自己想做的工作时，员工基本上都会带着“复仇”和不甘心的心理，付出加倍的努力。几乎所有人都会对公司心存感激，并在新岗位上重整旗鼓。从得到第二次机会开始，这些员工就会不断地积累成功经验，迅速成长。

不久之前，我和一位年轻人进行了面谈。他入职没多久就自己创立了新的分公司，但三年不到就决定退出市场。我将他阐述的内容整理如下：

- **优点：体会到了创业的乐趣，觉得虽然很辛苦，但也很有意思。**
- **困难：强烈地感受到了做面向用户的服务是多么困难。做自己想做的东西很简单，但自己只执着于产品，需要反省。**
- **下次的注意点：要多听听用户的声音，不仅如此，还应该把自己的想法传递给用户。自己因为过于顽固而没能做到这一点。**
- **未来规划：等脚踏实地做出成果后，还想再次挑战创业。**

这名年轻人在进入公司几年后，通过冷静地自我分析发现了自己有时过于顽固的缺点，且明确了当前面临的问题和未来的挑战方向。像他这样早期就已经历过失败的年轻人，成长也会快人一步。

让提拔失败的人恢复原职

我在前文已经阐述过，员工即使决策失败了，也可以继续从失败经历中学习。那么，我们又该如何看待管理者的提拔失败呢?这个问题也很简单。如果管理者提拔失败，只要让被提拔的人回到原先的岗位就可以了。

有人可能会这么想:“一切恢复原状，结果等于零。再加上浪费的时间，所得反而是负数吧?”但是，相信阅读到这里，你已经明白了，对被提拔的人来说，失败会成为宝贵的经验，也会让其成长，所以无论从短期还是长期来看，提拔的结果都是大于零的。

提拔失败后，管理者可以让员工继续积累经验，等到时机成熟后对其再次提拔。因为员工被提拔后会体验到从未体验过的管理者视角，即使回到原岗位，也会比以前领悟得更多，也更容易做出成果。

组织的灵活性很重要，要能够及时调整、灵活变通。如果提拔某人失败了，那就把他调回原职，再提拔其他人即可。如果管理者不把提拔当作一件特别的事，而是视之为理所当然，那么无论是被提拔的员工，还是提拔失败的管理者，都不会因提拔产生不必要的压力和挫败感。

当然，以上一切情况成立的前提是，企业和管理者必须保证给员工第二次机会。如此，即使员工因失败而被调回原职，也能积极地看待自己的失败经历。

最后，我再强调一次，经历过提拔、收获宝贵经验后回到原岗位的员工，下次一定会做出成果。管理者的任务就是积极地迎接他们回归。

不考虑风险，只考虑回报

在投资领域，越是追求高回报，风险就越高。人才的世界也是如此。**要想取得巨大的成长和成果，就必须承担失败的风险。**

员工如果害怕失败，就无法晋升或做出决策。为了取得飞跃性成长和突破性成果，员工就要将失败视为成功必不可少的要素，也就会明白越早失败越好的道理。此外，从成长潜力的角度考虑，年轻人的试错成本低，获得高回报的可能性大，还能在早期阶段积累宝贵的决策经验，相较于老员工有更大的优势。

CyberAgent 给年轻员工提供了很多机会。在这里，入职年限无关紧要，只要有创意和行动力，人人都可以大显身手。比如，有位年轻人刚进公司就接到一个高额预算项目。一般情况下，这种项目一定会交给中层或资深员工负责，但由于她提出的方案异常出色，所以公司将其提拔为了项目负责人。假如失败，她可能就会失去自己人生的第一份工作。虽然风险极高，但正是经过了该项目的历练，她在第一年就实现了飞跃性成长。

如果身为领导的你现在手上有一项无论如何都不能失败的重要工作，那么你便拥有了一个让下属实现飞跃性成长的机会。**把势必要得到预算、绝对不允许失败的高风险工作交给下属，就有获得高回报的可能性。**

比起即使失败也不会有太大影响的工作，不允许失败的大项目更需要提拔者和被提拔者提高觉悟。得到这样的机会后，下属认真对待重要工作，积累了大量的决策经验，有时还会反复经历失败，再在失败后挽回局面。一路见证和支持下属的领导者自身也会迎来快速成长。

很多优秀的领导者，都有事事亲力亲为的习惯。但是，请你一定要忍住，要把工作完全交给下属。领导要做的是根据情况需要，在适当的时机给予下属最小限度的支持，之后要做的就是相信下属，让他们自己去面对能力范围内更大的挑战。这样一来，无论是领导还是下属，都能向整个团队展现自己勇于挑战的姿态。

如果下属成功完成了重要的工作，那么他就会实现飞跃性成长，之后也会给团队创造巨大的价值。此外，提拔了该员工的领导的声望也会提高，得到的回报就会远远超出你的预期。

现在的年轻人都渴望成长，所以试着让他们不断冒着更大的风险去挑战吧！如果只委派给年轻人低难度的工作，成长欲望高的年轻人就会感到失望并离开公司。更可怕的是，年轻人也会冷静地观察作为领导的你的成长。

年轻人的危机感正是源于无法成长。因此，倘若他们发现公司里的领导和前辈都在原地踏步，他们会觉得留在这家公司没有意义，只是浪费时间，于是很快就会离职。

反之，如果领导在面对巨大挑战时表现出不断成长的姿态，那么下属也会以领导为榜样，追随领导的脚步，与领导一起成长。这时领导便可以通过高风险、高回报的提拔，让有能力的年轻人留在公司，实现更高的价值（见图 4-5）。

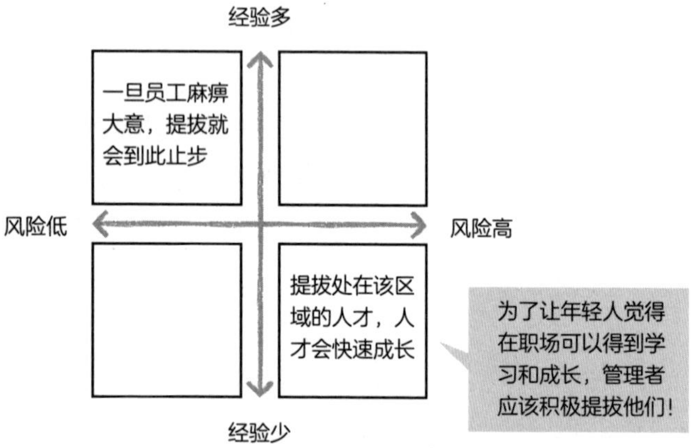

图 4-5　高风险、高回报的提拔能让年轻人快速成长

打造持续运转的自驱循环

- 管理者对年轻人的评价标准不应当是成功或失败，而应当是成长。如果把成长放在第一位，失败就会成为成长的种子。
- 创新必然伴随着风险，如果我们消极地看待失败，就很难产生创新。
- 年轻人无须为决策失败承担责任，关键在于要迈向失败之后的学习阶段。
- 通过“失败—认知—内省”的失败循环，可以将失败经历升华为经验值。
- 失败是令人避之不及的痛苦经历，但正视并接纳自己的失败，是失败循环的关键所在。提拔者的责任，便是帮助年轻人坦然面对失败。
- 管理者应构筑失败安全网，给予年轻人第二次机会。
- 分享失败经验，不仅能预防未来的失误，更有助于年轻人跨越心理障碍。

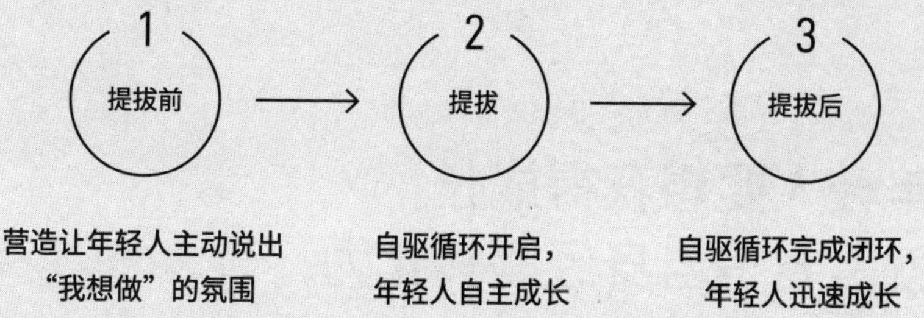

第5章

自驱循环第四步，全盘吸收经验，为未来做好准备

年轻人要想获得成长，
就需要将自身经验转化为
语言表达出来。

学习是衔接下次提拔的关键

自驱循环的最后一步是学习。学习不仅是对提拔、决策、失败等过程的全盘吸收，还起到与下一次提拔相衔接的重要纽带作用。

学习的过程非常简单，只有两步：“确认自己的收获”和“寻找下一个课题”，它们与决策循环和失败循环是相通的。在本章，我想向大家介绍几种学习的方法。

我在第 4 章中再三强调挑战失败也没关系，因为你一定会从失败中得到收获，并可以通过学习找到下一个应解决的课题。所谓课题，当然是指下一次提拔时需要攻克的问题。发现问题是前提，为解决这个问题而进行下一次提拔才会有意义。反过来说，如果没有发现问题所在，即使得到第二次机会，恐怕也会重复同样的错误。这样是无法获得成长和取得成果的。

员工在上一次提拔和决策中，哪里做得比较好，哪里还有待改进?学习，就是一边回顾，一边找出问题，再做好应对问题的准备。

书面化对成长不可或缺

提到学习，如果有教材之类的东西会方便很多。其实，我们经历了提拔、决策、失败的过程后，应该已经积累了很多可以成为教材的材料。眼下我们要做的，就是通过各种方法将这些材料收集起来，汇编成教材。

在第 3 章中，我向各位读者介绍了每周一次的决策回顾面谈，第 4 章则引入了慰劳面谈。这些都是可供学习的材料。而在本章，我想介绍的是回顾失败经历和对一年前的自己的指导。

要想获得成长，将自己的经验用文字和语言表达出来的书面化工作是不可或缺的。为了使自己的经验发挥价值，员工不仅要进行自我分析，更要将其与下一次行动联系起来。

毕竟，遇到挫折后情绪低落、长吁短叹是无法获得成长的。所以，管理者要采用面谈的形式引导员工，通过对话提高员工的学习效果。形成未来导向思维是学习的关键，这一点我会在后文详细介绍。

如果管理者或团队成员能将自己学到的东西分享给周围的人，对整个团队而言也是一次学习。

例如，入职第一年的新人往往还没有经历过提拔、决策、失败的多次循环，缺乏足够的经验。对他们来说，参考前辈的经验是高效率的学习方法。他们参考的“经验教材”越多，失败的概率就越小，越容易快速取得成果。

这样共享学习的结果往往是，团队得到了飞跃性成长，组织也发生了变革。如图 5-1 所示，我认为这就是学习的乐趣所在。

1. **书面化 ⟶ 将经验用文字表达出来**
   个人的学习

2. **共享 ⟶ 成为整个团队的教材**
   团队的学习

将自身经历书面化、和他人共享经验不仅能促进自身的自驱循环，也能从领导、前辈的经验中学习到很多。

图 5-1　学习的本质

将九成时间用来倾听

管理者在和员工进行面谈时特别需要注意的是，要从头到尾听完对方的话。管理者应该认真倾听下属的发言，更确切地说，我认为要将九成的时间用来倾听才刚刚好。这样做的理由很清楚。还记得本书的宗旨吗?管理者的目的是让员工自主成长，培养自主行动的人才。

身为管理者，经验丰富，不自觉地就想给员工提出建议。我十分理解各位的心情，但你需要知道，学习的基础是内省。为此，管理者要做的就是提出问题。

领导："这次失败，你印象最深的是什么？"

员工："客户对我说'希望能把交货期提前一周'，我马上回答'不行'。"

领导："为什么你会这么回答呢？"

员工："因为此前我们已经和客户商定了重要事项，日程也已落实，然而一切准备就绪时客户突然提出变更，所以我条件反射性地说了'不行'。其实在拒绝之前，我应该先询问客户'为什么要把交货期提前'才对。如果我认真听取了对方的理由，再争取达成提前一周交纳 80% 货品的协议，应该就能拿下这个订单了。但实际上，我们还是以'按计划完成 100%'为目标，最终没有成交。"

让员工像这样自己分析自己失败的原因，同时他们也会反省"自己当时应该这样做"。员工如果能理解到这个程度，下次重复同样的失败的可能性就会很低了。

在上面的事例中，领导没必要先提点这名员工，因为员工自己心中一定有答案。**学习就是自己推导答案的过程，此时不需要任何来自他人的建议。**

此外，在面谈中让员工本人坦率地讲述自己的经历意义重大。要做到这一点，管理者和领导者要创造能让员工安心交流的场所。如果你的职场中出现了以下3个“没有”，员工就无法坦率地表达（见图5-2）。

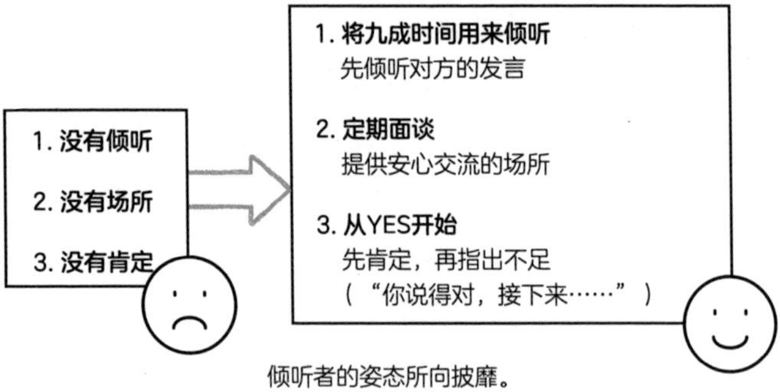

图5-2 领导者容易陷入的3个“没有”误区

只有具备了这三点，员工才能切实感受到“领导在倾听我说话”，从而敞开心扉，本书介绍的其他面谈也是如此。为了让员工实现自驱循环，管理者和领导者要扮演好倾听者的角色。

最后，我列举了一些能让谈话更顺利的应答诀窍，希望领导者和管理者时常留意（见图5-3）。

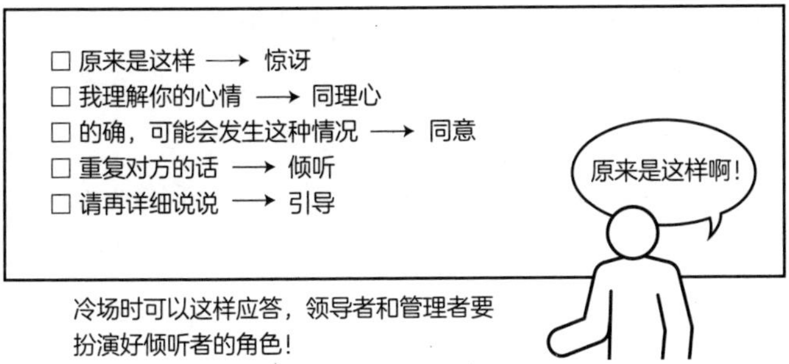

图 5-3　让谈话更顺利的应答诀窍

询问经历的意义，有效促进成长

通过对话提升学习效果最有力的方式就是面谈。领导者可以仅凭倾听，就引导员工自己得出问题的答案。在此，我再向你介绍一种能使面谈发挥出巨大效果的提问方式。

例如，领导在和员工一起回顾失败经历时，可以询问“这次的失败对你来说有什么意义”，即询问失败经历的意义。对此，员工 A 和 B 分别做出以下回答：

员工 A：“我发现我一直都很自以为是。如此团队就无法团结起来，所以我觉得自己需要改正。”

员工 B：“我没有仔细观察用户真正追求的是什么，一味抱着输出自己产品的想法，最终只是做了自己想做的事情，并没有真诚地面对用户。”

员工 A 和员工 B 都从自己的失败经历中得到了启示，即意识到以自我为中心推进工作是导致失败的原因，可以说都进行了有效的学习。

同决策一样，赋予失败意义才有价值。有意义的失败经历由以下两个要素构成（见图 5-4）。

1. 分析导致失败的原因
以自我为中心无法顺利推进工作

2. 思考接下来应该怎么做
借助周围人的力量，倾听用户的意见

只有为自己的失败经历赋予意义，才能获得有效的学习。

图 5-4　赋予失败意义

复盘的效果是感受所得

假设，某员工在一年前开始开发一项服务，经过充分准备，前几天终于踌躇满志地将其推出，但这项服务没有预想中那么吸引用户。在回顾面谈或慰劳面谈中，我会这样提问："假如有机会回到一年前，你会怎么做？"

"我会去请教很多前辈。"
"我觉得我会花更多的时间了解用户。"
"我会积极地听取团队伙伴的意见。"

已经经历过失败、从中学习并且成长的自己，如果能乘坐时光机回到一年前，会做出怎样的决策？

假设可以像这样回到过去，为了不再重蹈覆辙，思考应该怎么做；思考下一次的改善方案；思考下次再做同样的事情时有没有更好的解决办法；模拟未来可能发生的情况。这些都是学习过程中的全盘总结。

如果有人认为就算回到过去结果还是一样，或是觉得感受不到自己的成长，那么管理者就要引导其对自己前后的状态进行比较，切实感受其中的差异。

“假设你还是一年前什么都不知道、什么都没学会的新人，你会选择 A 还是 B 呢？”

“经历过失败以后，你会选择 A 还是 B？”

管理者可以通过这样的比较，让员工意识到自身的成长变化。

在面对失败的时候，我们往往会过分执着于结果，而忽略自身的成长、收获等积极的一面。正因如此，我们才要假设可以回到过去并进行思考，将注意力集中于“所得”，这是非常重要的（见图 5-5）。

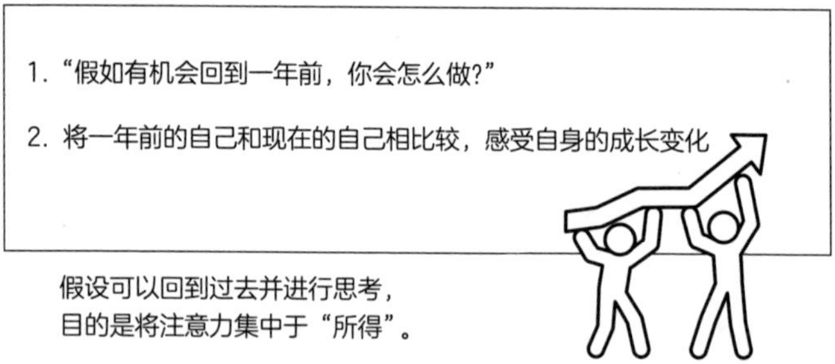

图 5-5　学习的全盘总结

用成功的面谈迎接下一次提拔

我已经阐明了面谈有助于学习，那企业的面谈情况如何呢?当我问企业的人事负责人“你会定期和员工面谈吗”，大部分人都会给出肯定的回答。

> “每到年末或每隔半年，我们都会以评测面谈的形式，与团队成员进行一对一谈话。”
>
> “项目结束后，我们一定会进行回顾性面谈。”

但是，当被问及是否有专门服务于人才培养的面谈，几乎九成以上的人都会摇头。不少人事负责人都有这样的想法：

> “我从来没有带着人才培养的意识进行过面谈。”
>
> “面谈真的能让人成长吗？”

不过，读到这里，你应该已经明白了，年轻人通过自主学习得到成长，而面谈可以有效地帮助他们学习。

本书介绍了各种各样的面谈方法。而在面谈时，我们容易陷入一个陷阱，那就是只谈论过去。举个例子，假如面谈的时间在 30 分钟左右，管理者一般会这样向员工提问：

“你在这半年都做了什么？”
“上上个月我做了……，上个月……”

诸如此类，管理者只谈论员工过去完成的工作，并针对其情况做出好与不好的评价。当然，这种评价好与不好的方式本身没有问题，但更重要的是要谈论未来。

很多管理者完全忽略了谈论未来的视角，这实在是太可惜了。让员工看到有希望的未来，员工的期待值自然会提高。因此，管理者在面谈时要一并向员工传达对未来的期待，或者与员工一起展望未来，让他们对未来抱有信心。**谈论未来，就是谈论期待，能够营造出积极向上的面谈氛围。**

当人被他人寄予期待时，就会变得更加积极和努力。人越努力就越能成长，也就更容易做出成果。在这样的正向循环中，人会不断获得成长。

擅长培养的领导者擅长对员工寄予期待。所以，在面谈的最后，请管理者这样对自己的下属说：

“我期待这样的事情还会发生。”

“希望你下次也能充分发挥这些经验。”

即使项目以失败告终，管理者也要明确地传达期待：

“希望你能从失败中学习，将得到的经验运用于下一个项目中。”

要像这样明确地向下属传达“我很看好你，期待你今后的表现”之类的信息（见图 5-6）。

倘若下属自己宣布“下次我想挑战这个任务”“下次我一定要借助周围人的力量让项目成功”，领导者一定要予以充分认可。如此一来，在面谈结束后，下属的自驱循环就会继续运行。

1. 面谈时容易只谈论过去

2. 谈论对未来的期待
“我期待这样的事情再次发生。”
“希望你下次也能充分发挥这些经验。”

3. 即使项目以失败告终，管理者也要明确地传达期待
“希望你能从失败中学习，将得到的经验运用到下一个项目中。”

明确地向下属传达期待很重要！

图 5–6　在面谈中传达期待

在意象训练中共同探索未来

在考虑员工的下一次提拔时，管理者要采用意象训练的方法。意象训练该如何做?管理者可以在面谈中询问员工以下问题：

“你认为 10 年后你会成为怎样的人？”
“如果你在事业中大获成功会怎么样？”
“假如有一天你闻名世界的话，觉得自己会被如何介绍呢？”

意象训练即通过大胆地畅想未来，让员工对未来的自己抱有期待。换句话说，管理者可以通过面谈和员工一起探索未来的巨大可能性。

意象训练对企业的中高层管理者也很有效。例如，我和一名管理50人团队的事业部长A的面谈是这样进行的：

我："你认为现在团队里较为活跃的年轻人有哪些？"

事业部长A："我觉得是山田、石川和久保田。"

我："那3个人中最有成长潜力的是谁？"

事业部长A："应该是山田花子。"

我："原来如此。那请你大胆地设想一下，你觉得她能发展到什么程度呢？"

当我问得这么具体时，事业部长回答："我觉得她马上就能当上经理了。"当经理虽然不坏，但也不算是大胆的设想。可以说，这名事业部长认为山田花子只能做到经理，即目前为止他还无法想象她晋升为经理以上职级的职业生涯。也就是说，这名事业部长作为领导，是无法在未来对山田花子进行大幅度提拔的。

实际上，我后来又向事业部长 A 提了一个问题：“说实话，你认为山田只能做到经理吗？”

由于事业部长 A 在之前只考虑到了山田做到经理这一步，因此只是回答：“我觉得她马上就能当上经理了。”

所以，在我又问这个问题的情况下，对方可能会回答“我觉得她将来会成为这个部门的事业部长”或者“也许她会开创新的事业，并且接受采访吧”等，即设想这名下属未来脱胎换骨的样子。

如上所述，在意象训练中，突破限制的大胆设想是关键，当事业部长 A 完成意象训练时，其对山田的下一次提拔一定会发生变化。“要不要把更大的项目交给她？”“也许是身为部长的我限制了山田的可能性，让她多出点主意吧。”他对山田的看法和行为也会随之改变。

对管理者来说，设想下属能发展到什么程度是非常重要的。“她可能会改变公司的历史。”如果管理者能冒出这样的想法，就已经是很大的收获了。可以说，管理者的意象训练有助于拓宽员工的职业道路。管理者也会意识到，自己的态度改变可能会影响提拔的方式。

是的，意象训练的厉害之处在于，即使员工本人不在场，管理者单独进行设想，也能改变员工的成长轨迹。

当然，意象训练法也适用于管理者与渴望成长的员工面谈的场合。我就曾经在应届毕业生的面试中采用过这种方法。

“假如将你的才能发挥到极致，你觉得自己能做到什么地步呢？”

一般来说，令我提出这个问题的对象都是具有发展潜力的年轻人。在从事人事工作的我看来，他们在未来应该会有明显的进步。但是，参加面试的学生们“野心”都太小了。

“我想先学习。”
“进入贵公司以后，我想先掌握工作的技巧。”

对于这样回答的学生，我会追问道：“你真的只能做到这种程度吗?”正因为我期待他们未来的可能性，才会如此提问。

年轻的学生自尊心强，又或是不想被别人认为自己在说大话，出于各种考量，容易做出谨慎、谦虚的回答。但是，谦虚和放大自己的可能性是两回事。

“我想尽快掌握工作，开创新的事业。”

“我想向人们提供世界上还没有的服务。”

“我想成为集团公司的社长，做出前所未有的挑战。”

只有像这样一步步畅想自己未来的可能性，年轻人的眼界才会更开阔。

意象训练也可以在愉快的讨论之中进行。一起谈论未来，不仅能开阔员工的眼界，还能成为让员工快速成长的契机。

例如，我在和入职两年左右的女性员工面谈时，听到过这样的回答。

我："假如将你的才能发挥到极致，你觉得自己能做到什么地步呢？"

对方："即使以后结婚生了孩子，我也想努力工作。"

我进一步提问："你说的'努力工作'具体是什么状态呢？"

一开始大部分女性员工都会感到困惑，所以我会补充"就算现实中没有做到也没关系，请大胆地把你的幻想告诉我吧"或者"你可以随便聊"之类的话，先营造轻松的氛围，让员工放下心来。因为说到底，意象训练只是在畅想未来，所以哪怕是幻想也没关系。

女性员工会回答"我会想象自己当上事业部长，带领整个团队的样子""我会一边照顾孩子，一边建立新事业，如果能接到采访邀请，那就太好了"。她们会像这样具体地描绘出自己未来努力工作的状态。

我认为优秀的年轻人不应该给自己设限，没有比年轻人自我限制更令人惋惜的了。况且，年轻人自我限制的原因多半是不知不觉中受到领导和组织的影响。因此，从解除限制的意义上来说，意象训练的方法是很有效的。

管理者可以充分利用一年一次的回顾面谈等方式进行意象训练。仅通过简单的面谈，就能使员工快速成长，并让其在之后大展宏图。为了能在今后进行更大幅度的提拔，管理者要和员工一起设想他们未来脱胎换骨的样子，并且不要忘记及时表示鼓励和肯定（见图 5-7）。

1. 在面谈中这样提问：
   “你认为10年后你会成为怎样的人？”
   “如果你在事业中大获成功会怎么样？”
   “假如有一天你闻名世界的话，觉得自己会被如何介绍呢？”

2. 告诉员工“幻想也可以”“现实中没有做到也没关系”，
   让员工安心发言

3. “你真的只能做到这种程度吗？”

   解除员工的自我限制

意象训练不仅能开阔员工的眼界，还能成为让员工快速成长的契机。

图 5-7　在一年一次的回顾面谈中进行意象训练

制订合理的共同目标，促进组织成长

在前文提到的意象训练中，领导和员工本人都必须开阔自己的眼界。开阔眼界是指拥有更长远的眼光和更远大的志向。CyberAgent 社长藤田晋常说：“稍有松懈，人的眼界就会变得狭隘。”

据说，在日本，刚进社会一年的职场新人之间以负面的工作态度和情绪为荣。比如，他们会说：“讨厌前辈和领导。”“每天的工作都很无聊。”“朋友们都说想辞职。”这种情况就是消极竞争。还有一些毕业生面试时一脸明朗地说“我想挑战……工作”，到头来却只干了一年就辞职走人。

所有眼界正在变得狭隘的人，包括初入社会一年的职场新人，自己都意识不到这一点，只有正在求职的应届毕业生可以意识到。

例如，在 OBOG 访问[①]中，一名应届毕业生见到了

① OBOG 访问是指企业员工（毕业于同一所院校的学长、学姐）和求职学生进行的面谈，方便求职者了解这家企业。——译者注

曾与自己在同一个社团中表现活跃、让自己十分憧憬的前辈。看到前辈工作不思进取的样子，他一定会失望地想：“我以后不想变成这样。”

工作不思进取，这并不是初入社会一年的职场新人的错。正如藤田晋所说：“稍有松懈，人的眼界就会变得狭隘。”这是组织风气造成的，因此责任在管理者身上。处于人人都在发牢骚的职场环境中，任何人都会变得喜欢抱怨。换句话说，精神上一松懈，眼界就会变得狭隘。

为了防止这种情况发生，藤田晋说：“要把积极的人变成多数。”尽管全员积极也会让人不舒服，但管理者还是要建立一个以眼界开阔的人为多数的组织。

要做到这一点，管理者很重要，如果公司的管理者没有开阔的眼界，就无法开阔全体员工的眼界（见图 5-8）。

因此，管理者应该着眼于未来，积极地展望未来，不断追求进步，要极力避免保持沉默、贪图安逸，那么眼界就不会变得狭隘。

1. 稍有松懈，人的眼界就会变得狭隘

2. 着眼于未来，积极地展望未来，不断追求进步

3. 多接触眼界高的人，或阅读成功的领导者、经营者的著作

4. 扩大目标规模

领导要谈论未来，开阔团队成员的眼界，树立与团队全体成员的未来紧密相关的目标。

图 5-8　把积极的人变成多数

对于组织及管理者来说，关键在于如何处理“不满”。虽然“不满”是针对“过去的事”，但若能将“不满”变成课题，并思考如何解决课题，“不满”就会变成未来要努力的方向。像这样，习惯着眼于未来的人，就能拥有更开阔的眼界。前文提到的意象训练也是一种有效谈论未来的习惯。

此外，还有一个开阔眼界的方法，那就是寻找榜样。具体的做法是找到眼界开阔的人，以他们为榜样，并且和他们保持交往。最好是和对方直接接触，但即使没有机会直接接触，你也可以观察对方的想法和行为，从中学习对方的长处。

如果你身边没有榜样，也可以到书中寻找。比如，普通员工可以阅读管理者和领导的著作，这对开阔自己的眼界非常有效。

与开阔眼界同样重要的，是扩大目标规模。**不要只制订高目标，关键是要制订好能够通过自驱循环完成的目标**。一旦启动自驱循环，就算领导不发表意见，员工自己也能主动发现自己想做的事，并且跃跃欲试想要实现目标。

为了引导员工提高目标质量，管理者可以询问员工以下问题：

“你的这个目标对未来有所帮助吗？”

假设某位员工的目标销售额是 1 亿日元，而他如果能清晰地看到目标达成后自己的成长、客户的成功和同伴的喜悦，那么 1 亿日元对该员工来说绝对不算是过高的目标。

我经常说：“能和别人共同努力的目标，成功实现的概率会很高。”这句话的意思是，不仅是自己想实现这个目标，周围的人听了之后也跃跃欲试，像这样越是能得到他人赞同和支持的目标，其达成率就越高。

“如果这个业务成功了，整个行业都会发生巨大的变化。”

“我们的团队可能会成为公司的主导。”

“这个部门将成为公司的新支柱。”

总之，领导要谈论未来，开阔团队成员的眼界，树立与团队全员的未来紧密相关的好的目标。这样一来，整个团队都能自主地朝着更高的目标前进，如此，不光是个人，整个组织也会迅速成长起来。

打造持续运转的自驱循环

- 学习不仅是对提拔、决策、失败等过程的全盘吸收，更是连接下一次提拔的重要纽带。
- 学习的两大基本步骤：确认自己的收获，寻找下一个课题。
- 年轻人要想获得成长，就需要将自身经验转化为语言表达出来。
- 如果管理者或团队成员能将自己学到的东西分享给周围的人，就不仅是个体的输出，更是群体的集体学习。
- 提升学习效果的最有力手段是面谈。面谈不仅涉及对员工过往工作的回顾与评价，更重要的是与员工共同探索未来的无限可能。
- 只有为失败经历赋予意义，才能从中获得有效的学习。

个人的强项 × 有前景的工作 = 巨大的效益

在 CyberAgent，经常出现有关“岗位一选择一调动”（简称为“岗选调”）的话题。“岗位一选择一调动”正是从创造提拔的机会这一想法中衍生而来的，指的是所有人一起寻找尚有发展空间的岗位，讨论是否应该让更多的员工来担任这些岗位。

在引言中，我明确表示了人才培养的目的是提高企业的效益。以此为前提，我们可以进一步利用以下公式来思考人才培养：**本人的强项 × 有前景的工作 = 巨大的效益**。

“岗选调”就是以这个公式为基础，将人和岗位对应起来的。例如，在一家由 4 个人成立的初创公司里，如果新增一位会经营管理的二把手会不会更好呢？首先考虑岗位（提拔的空间），之后选择合适的人才，再进行调动，这就是“岗选调”的思维方式，也是其核心。

为何要以岗为导向呢？这是因为，如果以人为导向过度提拔的话，就会有把人才闲置在无发展岗位上的风险。

虽然 CyberAgent 十分关注提拔是否足够的问题，但如果管理者只关心人的成长，则可能会忽视公司整体的成长和效益，这是本末倒置。所以我们才会从岗位对经营的影响、对公司的重要性等角度出发，对人才进行提拔，即先岗后人。

普通的提拔大多是由各个部门在实际工作场合中自行决定的，但“岗选调”并非如此。“岗选调”更侧重于从经营的视角出发，提拔公司所需要的人才，可以说是有力的大规模提拔。CyberAgent 公司的“岗选调”计划虽然才刚起步，但已经取得了一些成果。

实际上，在担任分公司的社长等重要的岗位的人才之中，还有很多人尚有余力，只可惜被埋没了。对于这样的人才，我们要尽快培养提拔，让他们早日接过接力棒，走向更大的舞台。只有这样，优秀的人才能进一步成长，取得更大的成果。

我从亲身经历中强烈地体会到，提拔不仅能赋予组织生机和活力，进一步提高人才培养的可能性，还能以巨大效益的形式给企业的经营带来冲击。

除了“岗选调”，我最近还经常使用“提拔文化”这个词。这是因为我想将提拔渗入全体员工的心中。为了让每个人都能亲身实践自驱循环，我特意使用了提拔文化这一说法，而不是提拔机制，因为企业文化更贴近员工的生活，也更能让所有人都自然而然地接受它。例如，让入职两年的员工 A 担任新人 B 的导师，这是常有的模式。导师 A 需要自行考虑给新员工 B 委派什么业务，像这样由年轻人提拔年轻人也是很好的提拔。

我强烈希望以“让他说，让他做”为原则的提拔式育人术能被越来越多的组织运用。以上就是本书的全部内容，感谢您阅读到最后。

年轻人自主成长计划

在本书的主体部分，我们详细探讨了如何通过自驱循环机制培养年轻人，让他们在企业中实现自主成长。为了方便读者更好地理解和应用这一机制，我们将在附录一中提供“年轻人自主成长计划”，帮助年轻人在工作中逐步积累经验，提升自信，实现快速成长。

年轻人自主成长的自驱循环机制

通过自驱循环，年轻人可以实现快速成长。这一机制的 4 大步骤如下（见附图 1-1）[①]：

① 作者在附录部分对正文内容做了总结，因此个别图、表会与正文图、表有重复。——编者注

1. 提拔：被寄予厚望，启动自驱循环。
2. 决策：下定决心，并通过表明意愿，增加自己的决策经验。
3. 失败：成长的必经之路，它是完成自驱循环必不可少的过程。
4. 学习：从失败中汲取经验，进行自我反省，为获得提拔后的下一阶段做准备。

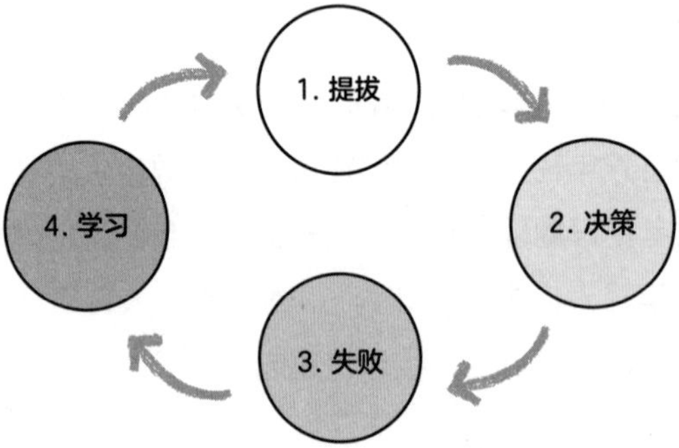

附图 1-1　自驱循环的 4 大步骤

迈出自主行动的第一步

养成主动发表意见的习惯。年轻人要想自告奋勇地说出“我想做”（自主行动），就要在平时养成发表自己的意见（自主发言）的习惯。

进行从“输入”到“输出”的对话练习。为了养成用自己的头脑思考的习惯，年轻人要积极把握发表意见的机会。做法很简单，把“应该选择方案A”的理由，用自己的话复述一遍，即把从别人那里听来的话转换成自己的语言。重要的是独立思考、重新组织语言再反馈给对方的过程（见附图1-2）。

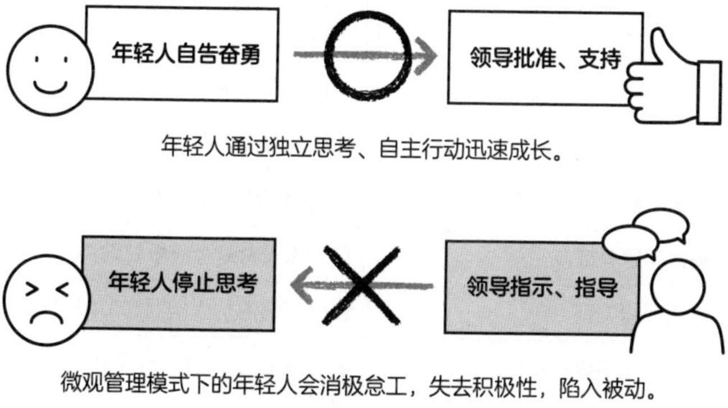

附图1-2　独立思考、自主行动的重要性

用自己的语言进行提问。参考以下提问列表，养成有意识地用自己的语言表达的习惯（见附表 1-1）。

附表 1-1　让员工从“输入”到“输出”的提问列表

“输入”（说明）	“输出”（提问）
说明工作的方法	你是怎么理解的？
说明工作的方法	你会如何解释这个问题？
说明工作的方法	如果让别人来完成这项任务，你会如何向他说明？
传达工作要点	你认为我们应该注意什么？
传达工作目标	我们为什么要做这项工作？
传达工作目标	这项工作做到哪一步才算是达到了目的？
决定任务的优先顺序	你认为接下来应该怎么做？
决定任务的优先顺序	你认为首先要从哪一方面着手？
决定汇报、联系、商讨的时间	下次何时汇报工作？
确认问题关键	你怎么看待这个有争议的问题？
确认问题关键	你要如何向别人阐明这个问题？
提醒员工不要孤军奋战	要完成这一部分，你觉得需要获得哪方面的支持？
制订工作计划	这项任务什么时候能完成？告诉我你的规划
制订工作计划	这周你有什么工作计划？

从失败中获得成长

就“失败是成长的必经之路”达成共识。提拔者和被提拔者都要理解失败不可或缺，并达成共识（见附图 1-3）。

附图 1-3　失败是成功不可或缺的要素

通过失败循环，将失败转化为经验值。从失败中有所学习的人的的确确会成长。通过“失败—认知—内省”的失败循环，可以将失败经历升华为经验值（见附图 1-4）。

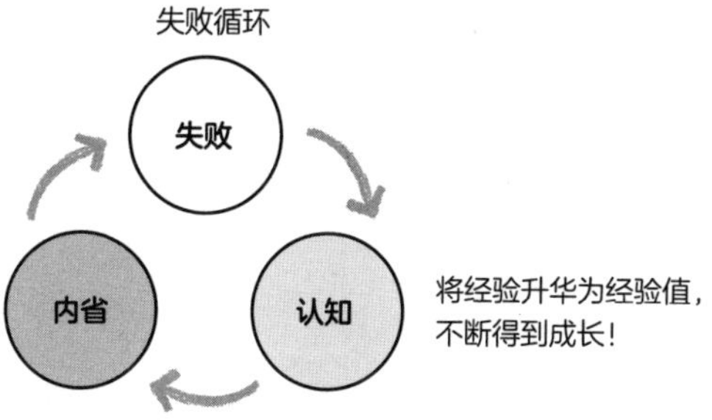

附图 1-4　失败循环

管理者人才培养指南

在前文中，我们介绍了如何通过自驱循环机制让年轻人在企业中实现自主成长。然而，要成功实施这一机制，管理者自身的角色和能力至关重要。本书在附录二提供了“管理者人才培养指南”，帮助管理者成为年轻人的引导者和支持者。

掌握培养年轻人的 3 大关键点

让年轻人拥有自信。年轻人说“我渴望成长”，其实是在传递“我想要获得自信”的信息。越是责任感强、做事认真的年轻人，越容易束手束脚、顾虑重重。“万一失败了，给领导和团队添麻烦，怎么办？”年轻人有了自信，就能够果断地采取行动。至于年轻人所需要的具体是怎样的自信，则因人而异，但共通的是年轻人想对自己本身抱有信心。

创造自驱环境，为年轻人获得自信打造根基。自信本就不是谁给予就能得到的东西。只有通过自己的思考和行动积累经验，才能切实感受到自身的成长。为了让年轻人切实地感受到成长，企业能向年轻人提供的最佳帮助，就是为年轻人创造有利于他们自主成长的自驱环境。

按照“提拔—自驱”的顺序培养人才。自驱环境才是让年轻人自主成长的机制，在这种环境中，年轻人会按照“提拔—自驱”的顺序自主成长。企业培养年轻人，应该站在自主成长，而非教育培训的角度。自驱环境形成以后，管理者就可以不断把工作交给年轻人（提拔）。

培养的基本原则——“让他说，让他做”

管理者首先要引导员工主动表明自己的意愿（让他

说），然后态度明确地表示批准（让他做）。所谓提拔，就是进行“让他说，让他做”的实践（见附图 2-1）。

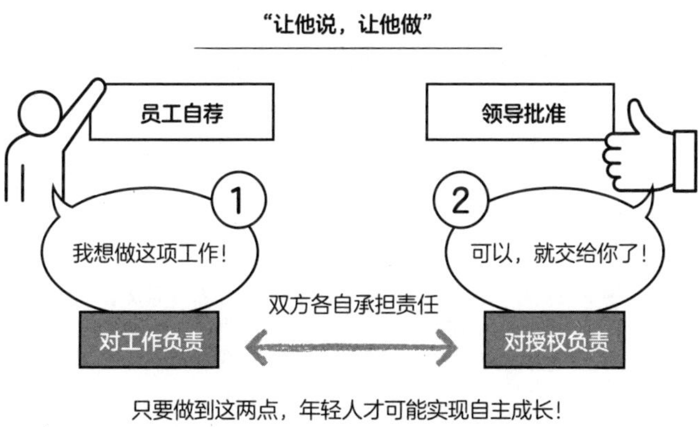

附图 2-1　“让他说，让他做”的过程

营造鼓励年轻人自告奋勇的职场氛围

营造鼓励年轻人自告奋勇的职场氛围至关重要，管理者要有意识地使日常交流变得积极。

从强化下属心理安全感的角度出发，管理者主动谈论自己的失败经历非常有效。

如附表 2-1 所示，请根据表中的具体情境判断你所在的职场氛围是否属于鼓励年轻人自告奋勇的职场氛围。

附表 2-1 职场氛围自查表

年轻人难以自荐的环境（当心这种氛围！）		鼓励年轻人自荐的环境（你能否做到？）
□“不对，不是这个意思”等，领导的回应多为否定的语气	→	□“不错！”“听起来很有趣！”等，领导的回应多为肯定的语气
□工作场所很安静。领导总是板着脸，看起来日理万机，禁止除邮件和聊天工具以外的任何交流	→	□领导和员工都面带笑容。员工在工作场所可以闲聊，甚至开玩笑。邮件和聊天工具上的交流也很活跃
□领导有时会跟员工说话，但员工几乎不会主动和领导交流	→	□工作中，员工能愉快地和其他人打招呼，线上也能轻松交流
□员工失败或失误会遭到批评，而且是在周围人能听到的地方被领导训斥	→	□领导和员工之间的沟通交流是双向的（“下次发生同样的事情该怎么办呢？”“还好这次提前发现了”等）
□领导对员工漠不关心或不感兴趣	→	□领导很关注员工，了解每个人的工作内容和性格
□员工没有得到过领导的表扬，也没见领导表扬过别人	→	□员工经常得到领导的表扬，也听领导表扬过别人

用提拔展现对下属的期待

期待能让人快速成长。所谓提拔，换句话说就是对未来寄予期待。平时你是否对下属寄予期待了呢？“我试着让他做负责人，结果收获了意想不到的成功。”人才培养的第一步便是提拔，管理者要养成积极提拔年轻人的习惯，使提拔成为职场中的日常。

用正确的方法提拔。向年轻人表达期待一鼓励年轻人自荐一领导批准，这才是正确的提拔步骤，即“期待一自荐一批准”三步（见附图 2-2）。

表达期待、鼓励自荐、予以批准

①**表达期待**：向年轻人传达“我看好你，期待你的表现”。
②**鼓励自荐**：年轻人主动表明意愿：“我想做这项工作！”
③**予以批准**：“好的，就交给你了！”为年轻人提供支持。

附图 2-2　“期待一自荐一批准”全过程

日常检验自己是否尽到了提拔责任

管理者可以利用以下表格，检查自己在日常工作中是否尽到了提拔的责任（见附表 2-2）。

附表 2-2　提拔责任履行检查表

成员	履历	提拔内容或可提拔的方向	期限（到何时为止）	反思

引导年轻人自告奋勇的 3 大方法

为了引导年轻人自告奋勇、实现自主成长，管理者必须做到以下 3 点：

1. 为工作赋予意义：让年轻人意识到这份工作的意义和价值。
2. 讲究提拔措辞：告诉年轻人“我看好你”，好的措辞会事半功倍。
3. 积累信任余额：降低年轻人的试错成本，让年轻人意识到自荐之后就算失败也没关系。

为工作赋予意义。年轻人理解了工作的意义，会把工作当成自己的分内之事认真完成。具体来说，领导可以从“为什么这项工作是必要的？”“这项工作对你有什么好处？”“对组织和团队有什么好处？”3 个方面来向年轻人传达工作的意义。

讲究提拔措辞。提拔的措辞往往决定了提拔的成败。因此，措辞应当简洁有力、印象深刻，甚至能让对方一字不漏地复述出来（见附表 2-3）。

1. 明确地表达期待。
2. 强调责任之重，间接表达期待。
3. 提出更高的目标，指出员工需要努力的具体方向。

附表 2-3 提拔措辞构思表

提拔谁？ （位置或年数）	提拔内容	提拔措辞和 预设反应

积累信任余额。管理者可以通过以下 3 个切入点，有效表扬员工：

1. 表扬发言："你在会议上的发言对公司很有建设性。"
2. 表扬行为："多亏你提前报告，我们很快就修正了错误方向。谢谢。"
3. 表扬想法："你提出了多个优秀的方案，真是太棒了。"

平时仔细地观察每一个员工，记录他们值得表扬的地方。可以利用下方的表扬记录表（见附表 2-4）。

附表 2-4　表扬记录表

序号	时间	人物	如何表扬或计划如何表扬	直接或间接

合理选择提拔对象

决定提拔的对象。提拔就是表达期待、鼓励自荐、予以批准。这些是在日常工作中也能做到的事，所以管理者最终应该提拔所有员工。建议按照以下顺序进行提拔。

- **有晋升意愿的员工。**
- **有工作成果的员工。**
- **入职第二年的员工。**
- **有声望的员工。**
- **其他员工。**

此外，管理者需注意不要漏提拔以下两类员工：

- 刚进公司的新人。
- 通过岗位调动来就职的员工。

通过负责人制实现全员提拔。将部门或团队面临的课题、困难，或者达成目标所需的其他因素，分别安排员工专门负责。这样便可实现全员提拔。例如，可以分配如下工作：

- 日程制订与进度管理。
- 撰写会议记录。

- 征询成员的意见并总结。
- 数据分析，汇报结果。
- 在公司内部学习会做报告。
- 分享新闻报道或相关网页的链接。

两种方法提拔未达标员工。缩减任务量（降低难度）或者让员工体会到为团队有所贡献的价值感。

1. 将大目标拆解成小目标。
2. 从个人到团队，为团队做贡献。

推动决策循环，帮助年轻人快速进步

提高年轻人的决策数量和决策速度。工作就是不停地做决策。决策经验的多少会导致不同人的成果和成长之间产生巨大差异，因此管理者要提高年轻人的决策数量和决策速度。

通过催动决策循环，决策的质量自然会提高（见附图 2-3）。

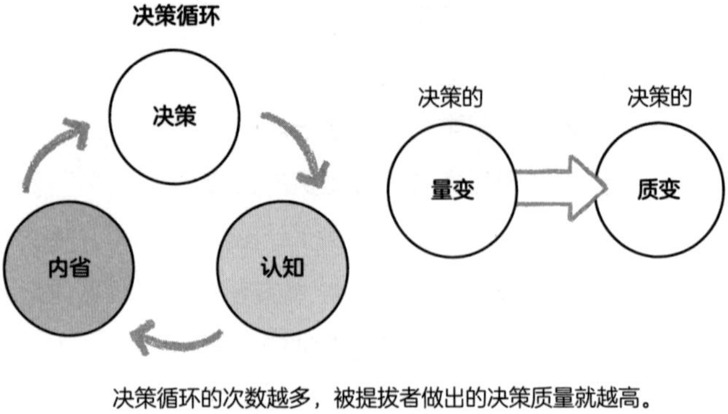

附图 2-3　决策循环

开展决策经验研讨会。把培训、研讨会、公司内部学习会等作为培养年轻人的辅助工具。

- 将自己的决策经验可视化、书面化，与他人共享（认知）。
- 与处于同一阶段、拥有同样烦恼的伙伴共同发现问题，探索解决方法（内省）。

如此，便能强化年轻人的认知和内省。

决策经验研讨会可采用以下主题：

1. 创下高业绩的管理者优秀在哪里?

- **列举出创下高业绩的管理者的名字。**
- **这位管理者优秀在哪里?**
- **这位管理者平时都会做些什么?**

2. 自己提高部门业绩的方法是什么?

- **列举出自己正在做的工作清单。**
- **清单中只有自己负责的工作是什么?**
- **清单中和团队成员一起做的工作是什么?**

利用回顾面谈强化内省

管理者可以通过每周一次的面谈，来确认年轻人是否积累了足够的决策经验。在周五或周末，利用下方的决策经验回顾表，让团队成员记录下本周具体做了哪些决策。随后，在下周一的早晨，围绕表中的信息展开面谈。管理者可以引导年轻人设想如果当时没有做出这些决策，可能会有什么后果，通过这样的方式促进内省。经常性地对决策经验进行反思，会让员工的成长方向和潜在问题变得更加清晰（见附表 2-5）。

附表 2-5　决策经验回顾表

序号	时间（决策）	地点	做了怎样的决策（认知）	下一个决策的注意点（内省）

帮助年轻人直面失败

勇敢共享失败案例。失败经历不仅可以作为案例来研究，还能有效地帮助年轻人克服心理障碍。请管理者参考以下素材，积极地在团队内部分享自己的失败经验（见附图 2-4）。

☐ **新人时期的所作所为**
谁都走过弯路，引起年轻人的共鸣

☐ **因为自尊心太强而失败的故事**
年轻人发现自己可能也是这样

☐ **已成功项目的最大危机**
成功与失败相结合的好例子

☐ **工作中“最大的失败”**
从失败中学到的经验

领导者分享自己的失败经验会给团队带来无上的价值！

附图 2-4　可谈论的失败经验素材

抓住面谈机会，鼓励经历失败的员工。管理者进行慰劳面谈的要点是，从员工学到的东西、得到的东西等积极的方面开始提问。积极的心态可以使谈论失败变得轻松。接受失败、从失败中学习的年轻人，下次有很大概率成功。慰劳面谈的做法如下：

1. “你辛苦了”，表达安慰。
2. “谢谢你勇敢地挑战”，表达对挑战这个行为本身的感谢。
3. 有哪些做得好的事情，从中学到了什么？（回顾

积极经验）

4. 碰壁的原因是什么？（失败分析）
5. 以后如果遇到类似的项目该怎么做？（找出改善点）
6. 今后想要怎么做？（未来计划）

引导年轻人在学习中为未来做好准备

通过对话提高员工学习效果。要想获得成长，将自己的经验用文字和语言表达出来的书面化工作不可或缺。管理者要积极地在面谈中通过对话提高员工的学习效果。

此外，如果管理者或团队成员能将自己学到的东西分享给周围的人，对整个团队也是一次学习。对年轻人来说，参考前辈的“教材”是高效率的学习方法。

不要提建议，只需倾听和提问。学习的基础是内省，因此，管理者不能因自己经验丰富就给员工提建议。为了让员工自己得出答案，管理者只要提出问题就可以了。

让员工敞开心扉的 3 个要点。为了让员工实现自驱循环，管理者一定要将以下要点牢记在心（见附图 2-5）。

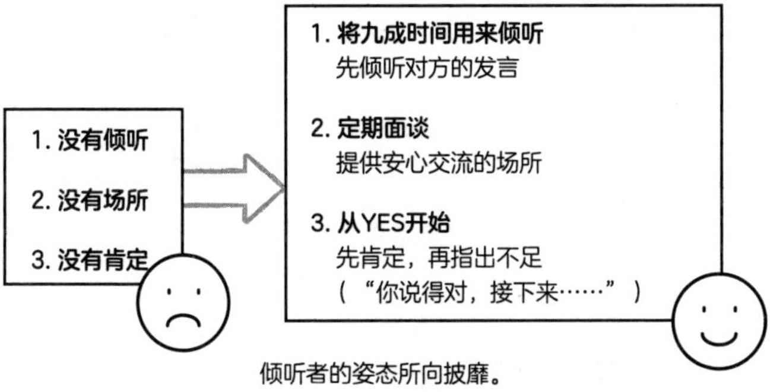

附图 2-5　领导者要警惕 3 个“没有”误区

掌握应答诀窍，让谈话更顺利。管理者的根本任务是倾听，但冷场时要注意应答技巧（见附图 2-6）。

利用复盘，引导年轻人感受成长。在回顾失败经历的时候，询问员工失败经历的意义是非常有效的，比如问“你觉得这次的失败对你来说有什么意义”。为失败经历赋予意义由两部分构成（见附图 2-7）。

☐ 原来是这样 ⟶ 惊讶
☐ 我理解你的心情 ⟶ 同理心
☐ 的确，可能会发生这种情况 ⟶ 同意
☐ 重复对方的话 ⟶ 倾听
☐ 请再详细说说 ⟶ 引导

冷场时可以这样应答，领导和管理者要
扮演好倾听者的角色！

附图 2-6　让谈话更顺利的应答诀窍

1. 分析导致失败的原因
以自我为中心无法顺利推进工作

2. 思考接下来应该怎么做
借助周围人的力量，倾听用户的意见

只有为自己的失败经历赋予意义，才能获得有效的学习。

附图 2-7　复盘失败

复盘的目的是感受所得。在工作面谈中，将注意力集中于自己现在的“所得”是非常重要的。为此，管理者要引导员工假设回到过去，并让员工思考以下问题（见附图 2-8）。

1. “假如有机会回到一年前，你会怎么做？”

2. 将一年前的自己和现在的自己相比较，感受自身的成长变化。

假设可以回到过去并进行思考，
目的是将注意力集中于“所得”。

附图 2-8　学习的全盘总结

带着人才培养的意识进行面谈

在面谈中谈论未来。管理者不要只和员工谈论过去，然后评价好与不好，要同时表达对未来的期待，或者和员工在面谈中一起展望未来（见附图 2-9）。

通过意象训练，和员工共同探索未来。在管理者考虑员工的下一次提拔时，一定要在一年一次的面谈中采用意象训练的方法。意象训练的做法如下。通过面谈，和团队成员一起探索未来的巨大可能性吧（见附图 2-10）。

1. 面谈时容易只谈论过去

2. 谈论对未来的期待
“我期待这样的事情再次发生。”
“希望你下次也能充分发挥这些经验。”

3. 即使项目以失败告终，管理者也要明确地传达期待
“希望你能从失败中学习，将得到的经验运用到下一个项目中。”

明确地向下属传达期待很重要！

附图 2-9　在面谈中传达期待

1. 在面谈中这样提问：
“你认为10年后你会成为怎样的人？”
“如果你在事业中大获成功会怎么样？”
“假如有一天你闻名世界的话，觉得自己会如何被介绍呢？”

2. 告诉员工“幻想也可以”“现实中没有做到也没关系”，
让员工安心发言

3. “你真的只能做到这种程度吗？”

解除员工的自我限制

意象训练不仅能开阔员工的眼界，还能成为让员工快速成长的契机。

附图 2-10　意象训练的做法

未来，属于终身学习者

我们正在亲历前所未有的变革——互联网改变了信息传递的方式，指数级技术快速发展并颠覆商业世界，人工智能正在侵占越来越多的人类领地。

面对这些变化，我们需要问自己：未来需要什么样的人才？

答案是，成为终身学习者。终身学习意味着永不停歇地追求全面的知识结构、强大的逻辑思考能力和敏锐的感知力。这是一种能够在不断变化中随时重建、更新认知体系的能力。阅读，无疑是帮助我们提高这种能力的最佳途径。

在充满不确定性的时代，答案并不总是简单地出现在书本之中。“读万卷书”不仅要亲自阅读、广泛阅读，也需要我们深入探索好书的内部世界，让知识不再局限于书本之中。

湛庐阅读 App：与最聪明的人共同进化

我们现在推出全新的湛庐阅读App，它将成为您在书本之外，践行终身学习的场所。

- 不用考虑“读什么”。这里汇集了湛庐所有纸质书、电子书、有声书和各种阅读服务。
- 可以学习“怎么读”。我们提供包括课程、精读班和讲书在内的全方位阅读解决方案。
- 谁来领读？您能最先了解到作者、译者、专家等大咖的前沿洞见，他们是高质量思想的源泉。
- 与谁共读？您将加入优秀的读者和终身学习者的行列，他们对阅读和学习具有持久的热情和源源不断的动力。

在湛庐阅读 App 首页，编辑为您精选了经典书目和优质音视频内容，每天早、中、晚更新，满足您不间断的阅读需求。

【特别专题】【主题书单】【人物特写】等原创专栏，提供专业、深度的解读和选书参考，回应社会议题，是您了解湛庐近千位重要作者思想的独家渠道。

在每本图书的详情页，您将通过深度导读栏目【专家视点】【深度访谈】和【书评】读懂、读透一本好书。

通过这个不设限的学习平台，您在任何时间、任何地点都能获得有价值的思想，并通过阅读实现终身学习。我们邀您共建一个与最聪明的人共同进化的社区，使其成为先进思想交汇的聚集地，这正是我们的使命和价值所在。

图书在版编目（CIP）数据

让年轻人自主成长 /（日）曾山哲人著；张佳傲译 . 杭州：浙江科学技术出版社，2025. 6. — ISBN 978-7-5739-1790-4

Ⅰ. C961-49

中国国家版本馆 CIP 数据核字第 202534U2K8 号

书　　名　**让年轻人自主成长**
著　　者　[日] 曾山哲人
译　　者　张佳傲

出版发行　**浙江科学技术出版社**
地址：杭州市环城北路 177 号　邮政编码：310006
办公室电话：0571－85176593
销售部电话：0571－85062597
E-mail:zkpress@zkpress.com
印　　刷　天津中印联印务有限公司

开　本	880mm×1230mm　1/32	**印　张**	9.25
字　数	156 千字		
版　次	2025 年 6 月第 1 版	**印　次**	2025 年 6 月第 1 次印刷
书　号	ISBN 978-7-5739-1790-4	**定　价**	89.90 元

责任编辑　陈　岚　　**责任美编**　金　晖
责任校对　张　宁　　**责任印务**　吕　琰